저의 책을 읽어 주시는 모든 분께 감사를 표합니다.
특히 **달변가영쌤**(유튜브) 구독자분들과
저를 믿고 저의 지도에 따라 열심히 영어 공부에 매진하고 있는
저의 학생들께 깊은 감사 인사를 드립니다.
이 책은 여러분의 응원과 지지가 없었다면 세상에 나오지 못했을 것입니다.

마지막으로, 사랑하는 부모님께 이 책을 바칩니다.

달변가영쌤의 친절한 구동사

지은이 김영욱
펴낸이 정규도
펴낸곳 (주)다락원

초판 1쇄 발행 2021년 12월 8일
초판 3쇄 발행 2023년 7월 10일

기획·편집 허윤영
교정 지원 김민주, 유나래
영문 감수 Stella Choi
디자인 하태호(본문) / 지완(표지)
전산편집 이현해
일러스트 박주영

다락원 경기도 파주시 문발로 211
내용문의: (02)736-2031 내선 520
구입문의: (02)736-2031 내선 250~251
Fax: (02)732-2037
출판등록 1977년 9월 16일 제406-2008-000007호

ISBN 978-89-277-0152-1 13740

www.darakwon.co.kr

다락원 홈페이지를 방문하시면 상세한 출판정보와 함께 동영상 강좌, MP3 자료 등 여러 도서의 다양한 어학 정보를 얻으실 수 있습니다.

영어회화의 벽을
허물어 주는

김영욱 지음

달변가 영쌤의 친절한 구동사

 DARAKWON

안녕하세요. 유튜브에서 "달변가영쌤"으로 활동하면서 저의 영어 지식을 나누고, 영어에 관한 여러 궁금증을 풀어 드리고 있는 김영욱입니다. 이번에 다락원에서 〈달변가영쌤의 친절한 구동사〉 책을 내게 되었는데요, 구동사에 관한 궁금증도 풀고 책에 관해서도 간단히 소개하고자 합니다.

● 구동사란 무엇인가요?

구동사는 '**동사+전치사/부사** 또는 **동사+전치사+부사**의 조합으로, 동사의 기본 뜻만으로는 그 의미를 제대로 파악하기 어려운 표현'입니다. 예를 들어, give up 같은 것이지요. '주다'라는 뜻의 give와 '위로'의 up이 결합하여 '포기하다'라는 뜻을 갖게 되는 것을 이해하기는 쉽지 않습니다. 구동사에 관해 더 자세히 설명해 드릴 수도 있지만, 영어를 전공하는 사람이 아닌 이상 학문적으로 깊게 들어갈 필요는 없다고 생각합니다. 그러므로 이 책으로 공부하는 여러분도 구동사는 **동사와 전치사 또는 부사가 결합하여 (일반적으로는) 예측하기 어려운 뜻을 갖게 된 동사적 표현**이라고 알아두면 충분할 것 같습니다.

● 왜 구동사를 알아야 할까요?

구동사는 영어 원어민이 일상에서 숨 쉬듯 쓰는 회화 표현입니다. 그런데 하도 많은 대화가 구동사로 이루어지다 보니 구동사를 모르면 짧고 간단한 표현인데도 알아듣지를 못합니다. 또한 구동사를 모르면 쉽게 표현할 수 있는 말도 어렵게 돌아 돌아 설명하게 되죠.

예를 하나 들어 볼게요. "차로 나를 데리러 와 줄 수 있어?"라는 이 간단한 표현을 영어로 어떻게 말할 수 있을까요? 꽤 여러 답이 나왔을 것 같은데요, 영어 원어민은 이때 보통 구동사 pick up을 써서 Can you come to pick me up?이라고 합니다. pick up에 '차에 태우다(차로 태우러 가다)'라는 뜻이 있거든요. 간단하죠? 그런데 구동사 pick up을 모르면 이렇게 짧고 효과적으로 표현할 수가 없죠.

다시 말하지만, 구동사를 모르면 영어 원어민이 일상에서 쓰는 말을 제대로 이해하기 힘들 뿐만 아니라 영어를 영어답게 표현할 수도 없습니다. 그러므로 유창하게 영어 회화를 하고 싶은 사람들은 반드시 구동사를 공부해야 합니다.

●
이 책에서는
어떤 구동사를
다루나요?

이 책은 영어의 모든 구동사를 정리한 사전이 아닙니다. 그러기엔 구동사의 개수가 너무 많고, 뜻도 너무 다양합니다. 외국에서 생활한 저의 경험을 바탕으로 **영어 원어민이 일상에서 꼭 쓰는 알짜 구동사 70개**를 고르고 골라 이 책에 담았습니다. 이 70개만 알면 영어 원어민이 일상에서 빈번하게 쓰는 말을 어느 정도 표현할 수 있게 된다고 말씀드릴 수 있습니다! 이 책에서 소개하는 구동사는 실생활에서 정말 많이 쓰이는 것들이므로, 반복해서 듣고 읽고 쓰면서 내 것으로 만들기를 바랍니다. 구동사는 여러분의 영어회화에 힘을 더해 줄 겁니다!

●
구동사를 배우긴
해야겠는데,
너무 어려워요.

맞습니다. 구동사는 알아 두면 정말 유용하지만, 어렵죠. 예를 들어 그 이유를 설명해 볼게요. 다음 6개 문장을 영어로 바꿔 보세요.

> 1. 데리러 와 줄 수 있어요?
> 2. 오는 길에 우유 좀 사다 줄래?
> 3. 그녀는 전화를 받지 않았다.
> 4. 그런 말은 어디서 배웠니?
> 5. 펜 좀 주워 줄래?
> 6. 책 가지러 이따가 갈게.

우리가 일상에서 많이 쓸 수 있는 표현인데요, 여러분은 영어로 어떻게 표현했나요? 아마도 다양한 문장이 나왔을 거라고 생각합니다. 그런데 이 6개의 문장은 영어로 다음처럼 나타낼 수 있습니다.

> 1. *Can you come to pick me up?*
> 2. *Could you pick up some milk on your way home?*
> 3. *She didn't pick up the phone.*
> 4. *Where did you pick up the word?*
> 5. *Can you pick up the pen, please?*
> 6. *I'll visit you later to pick up the book.*

놀랍지 않나요? 전혀 다른 뜻을 가진 듯이 보이는 6개의 문장을 'pick up'이라는 하나의 구동사로 표현할 수 있다는 것이요. 이것이 구동사가 가진 강력한 힘입니다. 그런데 또한 이것이 구동사를 공부하기 어려운 이유이기도 합니다. 우리는 구동사의 모든 뜻을 정리해서 달달 외우려고 하거든요. 아래처럼요.

> **pick up**
> 1. 집어 들다
> 2. 데리러 가다/오다
> 3. 전화를 받다
> 4. 배우다
> 5. 사다
> 6. 가지러 가다/오다

하지만 세상에는 너무 많은 구동사가 있고, 그중에는 pick up처럼 뜻을 여러 개 가진 것이 많기에, 외우는 걸로는 어느 순간 한계가 옵니다. 그래서 많은 사람이 구동사 학습을 포기하게 되죠.

구동사를 공부할 때는 그 뜻을 하나하나 외우려고 하기보다는 **그 본질적 속성이 무엇인지를 파악**하는 게 중요합니다. 그리고 **문맥 속에서 구동사의 의미를 파악**하기 위해 노력해 보세요. 그러면 구동사에 더 쉽게 다가갈 수 있게 됩니다.

그런 관점으로 다시 pick up에 관해 생각해 봅시다. pick up에는 '무언가가 내게 가까워지고, 소유하게 된다'는 공통적인 속성이 있습니다. 이것을 알면 Can you come to pick me up?은 '(내게 가까이) 와서 나를 차에 태워 주세요'라는 뜻이라는 것을 알 수 있죠. 그래서 이때의 pick up은 '(차로) 데리러 가다/오다'라는 뜻으로 해석할 수 있습니다. 또 Where did you pick up the word?는 '너한테 없던 말이 왜 너에게 생겼니?'의 뜻이 될 수 있죠. 그래서 이때의 pick up의 뜻은 '배우다'입니다.

그럼 말이 나온 김에 구동사 pick up에 관해 정리해 보겠습니다.

---

pick up

1. **집어 들다** (나한테 없던 걸 들어 올려 나랑 가까워지다)

   Can you **pick up** the wallet, please?
   지갑 좀 주워 줄래?

   We're going out to **pick up** some trash on the road.
   우린 길 위에 있는 쓰레기를 주우러 나갈 거야.

   Pick up your pen and write down what I say.
   펜을 들고 내가 말하는 것을 받아 적으렴.

2. **데리러 가다/오다** (나한테 멀리 떨어져 있던 사람을 차에 태워 가까워지다)

   Can you come to **pick** me **up** at the airport?
   공항으로 날 데리러 와 줄 수 있어?

OK, I'll **pick** you **up** at 7 pm.
좋아, 저녁 7시에 데리러 갈게.

I'm going to **pick up** my kids now.
난 지금 애들을 데리러 가는 중이야.

이때의 반대말은 drop off입니다.

Can you **drop** me **off** at the airport?
날 공항에 내려 줄 수 있어?

Just **drop** me **off** here.
여기서 내려 주세요.

3. 전화를 받다 (수화기를 들어 귀 가까이 대다)

Why didn't you **pick up** the phone?
너 왜 전화 안 받았어?

I don't feel like **picking up** my phone.
난 전화 받을 기분이 아니야.

여기서 pick up의 반대말은 hang up입니다.

Hang up the phone!
전화 끊어!

Please don't **hang up** the phone.
전화 끊지 마.

4. 배우다, 익히다 (주로 정규 교육보다는 눈대중으로 배운)

I **picked up** some Spanish when I was in Spain.
난 스페인에 있을 때 스페인어를 좀 배웠어. 〈스페인에서 지내다 보니 저절로 익혀진〉

Where did you **pick up** that word?
그런 말은 어디서 배웠어(주워 들었어)?

I've never learned to dance but I **picked up** some (dance) moves.
춤을 (제대로) 배운 적은 없지만, 어깨너머로 배운 동작이 몇 가지 있어.

5. 물건을 사다 (낮게 놓여져 있는 물건을 집으면 내 것이 되는)

Can you **pick up** some bread on the way home?
집에 오는 길에 빵 좀 사올 수 있어요?

I **picked** you **up** some soup from a famous place.

난 유명한 곳(식당)에서 네게 줄 수프를 사 왔어.

I need to **pick up** some stuff for the party. Can you drop me off at the mall?

파티에 쓸 용품들을 사야 해. 나 좀 쇼핑몰에 내려 줄 수 있어?

6. 가지러 가다/오다 (어딘가에 있는 제품을 가지러 가며 내 것이 되는)

I'll come by later to **pick up** the book.

그 책을 가지러 나중에 찾아갈게.

I'm here to **pick up** my package.

제 택배를 가지러 왔어요.

Where can I **pick up** my coat?

제 코트는 어디서 받을 수 있죠?

구동사를 어떻게 공부하는 게 가장 효과적인가요?

앞서 구동사의 '본질적 속성'을 파악하는 것이 중요하다고 말씀드렸죠. 그러기 위해서는 구동사를 이루는 **동사의 기본 뜻**을 알고 있어야 할 뿐만 아니라, **전치사/부사의 속성**을 아는 것이 중요합니다. 그것을 알면 어떤 구동사가 왜 그러한 뜻을 갖는지 이해하기 쉬워집니다. 여기서 '전치사/부사의 속성'이라는 것은 꼭 우리가 아는 사전적 의미만을 뜻하지는 않습니다. 기본 속성이 사전에 나온 의미와 같은 경우도 있지만, 다를 때도 있죠. 이 책에서는 영어에서 가장 활용도 높은 전치사/부사의 속성을 그림과 함께 친절하게 설명하고 있습니다. 이 속성들을 파악하면 분명히 구동사가 한층 쉬워질 겁니다!

구동사를 잘 알고 쓸 수 있어야 영어회화 실력이 향상되는데, 한국인 학습자에게 구동사를 가르치기가 참 어렵다고 영어 원어민들이 입을 모아 말합니다. 바로 그 이유 때문에 이 책을 집필했습니다. 제가 유튜브에서 강의한 구동사 관련 내용을 총망라, 보완하여 정리한 이 책은 여러분이 구동사에 쉽게 접근할 수 있게 도와줄 겁니다.

구동사는 정말 유용한 도구입니다. 구동사에 익숙해지는 데 시간은 걸리지만, 일단 익히기만 하면 하나의 구동사가 두세 배의 효과를 낼 수 있죠. 이 책에 나온 쓸모 넘치는 구동사들을 이해하고, 확실히 내 것으로 만들어 봅시다. 이 책에서 소개한 구동사와 그 대표 문장들이 일상의 영어 표현을 영어 원어민처럼 자신 있게, 유창하게 말하게 되는 밑거름이 될 것이라고 저는 확신합니다.

챕터 시작

학습할 전치사/부사의 속성 및 구동사 소개

각 챕터에서 다루는 전치사/부사의 기본 속성을 직관적으로 파악할 수 있게 삽화와 함께 제시합니다. 학습할 구동사 리스트를 보면서 이미 알고 있는 것이 있는지 확인하고, 전치사/부사의 속성을 바탕으로 각 구동사가 어떤 뜻일지 추측해 봅시다. 이 책에서 설명하는 전치사/부사는 on, off, out, in, up, down, for, through, into, with, to, over입니다.

전치사/부사 소개

전치사/부사의 속성을 그림과 예문을 통해 친절하게 설명

각 챕터에서 다루는 전치사/부사의 속성에 관한 친절하고 깊이 있는 설명이 예문, 그림과 함께 제공됩니다. 여기서 익힌 전치사/부사의 속성이 뒤에 나오는 구동사들을 이해하기 위한 기초 지식이 됩니다. QR코드를 찍으면 전치사/부사에 관한 저자의 무료 강의도 볼 수 있어요. 귀에 쏙쏙 박히는 저자의 명쾌한 설명을 들으면서 전치사/부사의 속성을 완벽하게 이해해 봅시다!

구동사 학습

챕터 시작 페이지에서 배운 전치사/부사와 짝지어지는 구동사를 학습

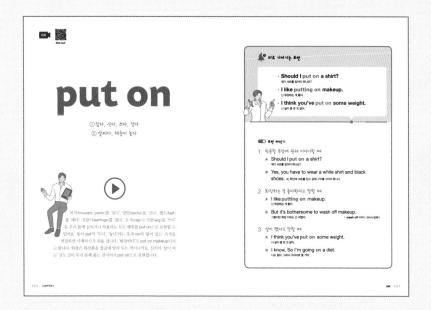

▲ **필수 구동사**
학습할 구동사와 그 뜻을 제시합니다. 각 챕터에서 배운 전치사/부사의 속성과 구동사의 뜻이 어떻게 연계되는지를 친절하게 풀어서 설명하고 있고, 이해를 돕기 위한 팁도 제시하고 있기 때문에 구동사를 쉽게 파악할 수 있을 겁니다.

▲ **바로 가져가는 표현 & 표현 써먹기**
해당 구동사가 사용된 일상에서 자주 쓸 만한 대표 문장 3개를 뽑았습니다. 그리고 각 문장을 쓸 법한 자연스러운 상황을 가정하여 **A-B** 대화문에 제시했습니다. '이런 상황엔 이 구동사 표현!'이라는 느낌이므로 여러 번 연습해서 확실하게 내 것으로 만들어 봅시다.

▲ **예문 MP3 듣기**
페이지 상단에 있는 **QR코드**를 찍어 보세요. 주어진 영어 표현들의 정확한 영어 발음을 확인할 수 있습니다. 입에서 자연스럽게 나올 때까지 반복해서 듣고 따라 말하는 연습을 해 봅시다.

Exercise 1, 2, 3

4~6개의 구동사를 학습한 후 세 종류의 Exercise가 제시됩니다. Exercise 1에서는 '바로 가져가는 표현'에 나온 구동사의 대표 문장 3개를 다시 한번 확인하며 복습할 수 있습니다. Exercise 2에서는 '표현 써먹기'에 나온 대화문을 연습하면서 자연스러운 상황에서 구동사 표현을 써 보는 훈련을 할 수 있습니다. Exercise 3에서는 학습한 구동사 대표 문장을 변형한 문장을 직접 만들어 보면서 구동사를 자유자재로 쓸 수 있는지 확인합니다. 각 Exercise 맨 아래에 있는 QR코드를 찍으면 문장들을 영어로 들을 수 있어요. 영어 원어민의 자연스러운 음성을 듣고 따라 말하면서 이 문장들을 완전히 내 것으로 만들어 보세요.

알아 두면 쓸모 있는 **알짜 구동사 정보**

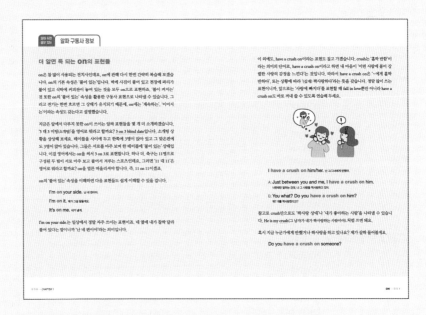

학습한 전치사/부사와 관련해 더 알아 두면 좋은 내용 또는 추가로 꼭 알려 주고 싶은
구동사 등 도움되는 내용을 추가로 소개하는 코너입니다.

정답

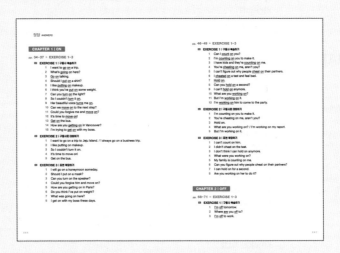

필수 구동사 표현을 제대로 익혔는지 Exercise의 정답을 보면서 확인해 보세요.

DON'T PUT OFF UNTIL TOMORROW WHAT YOU CAN DO TODAY.

CHAPTER 1

ON

- [ ] **go on**
- [ ] **put on**
- [ ] **turn on**
- [ ] **move on**
- [ ] **get on**
- [ ] **count on**
- [ ] **cheat on**
- [ ] **hold on**
- [ ] **work on**

'붙어 있는' 속성 떨어져 있던 것이 붙은 상태

ON

on을 잘 쓰면 내 영어가 반짝반짝 빛날 수 있습니다. 자, 지금 손에서 책을 내려놓고 두 손을 기도하듯이 붙여 보세요. 그게 바로 전치사 on의 기본 속성입니다. 떨어져 있던 것이 **붙어 있는** 것이죠.

---

on의 기본 속성은 '붙어 있는'인데 사람들은 흔히 on을 '~위에'로 알고 있습니다. 왜일까요? 그 이유를 지금부터 살펴보겠습니다. 먼저 예문을 볼게요.

- **There is a cup on the table.**
  식탁 위에 컵이 있다.

해석은 저렇게 하지만, on의 '위에'가 up과 동일한 개념은 아닙니다. on은 '위'라는 방향을 보여 주는 것이 아니라, 컵이 식탁 면에 **붙어 있음**을 나타내는 역할을 합니다. 다른 예문들도 보겠습니다.

- **There is a clock on the wall.**
  벽에 시계가 (붙어) 있다.

- **A fly is on the ceiling.**
  파리 한 마리가 천장에 (붙어) 있다.

예문들의 on을 '위에'라고 해석하면 어색하지만 '붙어 있는'으로 해석하면 자연스럽다는 걸 느끼실 겁니다. 지금 주변을 둘러보면서 천장과 벽, 창문에 무엇이 붙어 있는지 찾아보세요. 붙어 있는 모든 것은 on한 상태입니다.

이제 on의 '붙어 있는' 속성에서 파생된 다른 속성도 살펴봅시다.

- **Can you turn on the light?**
  불 좀 켜 줄래?

- **I just turned the TV on.**
  난 막 티브이를 켰어.

turn on은 '~을 켜다'라는 뜻의 구동사입니다. 스위치를 돌리면(turn) 떨어져 있던 단자가 붙으면서(on) 전기가 흘러서 불이 켜지고 티브이도 켜집니다. 그런데 불이든 티브이든 한번 켜면 끄기까지 그 상태가 지속됩니다. 그래서 on에는 **계속하는, 이어지는** 속성도 있어요.

- **Keep calm and carry on.**
  진정하고 하던 일을 계속하십시오.

위의 예문은 2차 세계대전 중에 전쟁 상황이지만 동요하지 말고 하던 일을 계속하라고 영국에서 국민들을 독려하는 데 썼던 슬로건입니다. 여기서 드러나는 on의 속성이 '계속하는', '이어지는'입니다. 이 속성이 잘 드러나는 다른 예문도 소개하겠습니다.

- **Keep calm and study on.**
  진정하고 계속 공부해라.

- **Keep calm and eat on.**
  진정하고 계속 먹어라.

on의 '붙어 있는' 기본 속성에서 '계속하는', '이어지는' 속성도 생겨났는데, 이걸 기억해 두면 on이 사용된 여러 구동사 표현을 쉽게 이해하게 될 겁니다.

go on

① (여행, 휴가 등을) 떠나다, 가다
② 발생하다, 일어나다
③ 계속하다

여행, 휴가 여정에 붙어서(on) 가는(go) 모습을 상상해 보세요. go on은 휴가(vacation)나 여행(trip), 신혼여행(honeymoon)과 함께 쓰여 '~을 떠나다(가다)'라는 의미를 나타냅니다. 특히 trip은 go on 없이는 '여행 가다'의 의미를 나타낼 수 없으니 go on a trip을 입에 붙여 두는 게 좋습니다. 참고로 '다이어트를 하다'도 go on을 써서 go on a diet로 표현합니다. go on은 'happen(발생하다)'의 의미로도 씁니다. 어떤 일이 생겼는데, 그 상태가 지속되고 있다는 것을 나타내죠. '하던 일을 계속하는' 것 역시 go on입니다. on의 '계속되는', '이어지는' 속성을 떠올리면 go on이 왜 이런 뜻을 가지는지 쉽게 이해할 수 있을 겁니다.

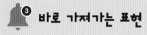 **바로 가져가는 표현**

- **I want to go on a trip.**
  나 여행 가고 싶어.

- **What's going on here?**
  여기 무슨 일이야(여기서 무슨 일이 벌어지고 있는 거야)?

- **Sorry for interrupting you. Go on talking.**
  말 끊어서 미안해요. 계속 말씀하세요.

표현 써먹기

1 여행 가고 싶다고 말할 때

A I want to **go on** a trip to Jeju Island.
  나 제주도로 여행 가고 싶어.

B So do I. I always **go on** a business trip.
  나도 그래. 난 맨날 출장만 가.

2 무슨 일이 벌어진 건지 궁금할 때

A What's **going on** here?
  여기 무슨 일이야?

B There was a car accident.
  차 사고가 났어.

3 상대에게 말을 이어가라고 할 때

A Can I **go on**?
  제가 (말을) 계속해도 될까요?

B Sure. Sorry for interrupting you. **Go on** talking.
  그럼요. 말 끊어서 미안해요. 계속 말씀하세요.

put on

① 입다, 신다, 쓰다, 걸다
② 살찌다, 체중이 늘다

바지(trousers, pants)를 '입다', 양말(socks)을 '신다', 벨트(belt)를 '매다', 귀걸이(earrings)를 '걸다', 모자(cap)나 가발(wig)을 '쓰다' 등 우리 몸에 걸치거나 착용하는 모든 행위를 put on으로 표현할 수 있어요. 동사 put의 '두다', '놓다'라는 뜻과 on의 '붙어 있는' 속성을 연결하면 이해하기가 쉬울 겁니다. '화장하다'도 put on makeup이라고 합니다. 화장은 화장품을 얼굴에 발라 두는 것이니까요. 심지어 '살이 찌는' 것도 살이 우리 몸에 붙는 것이어서 put on으로 표현합니다.

🔔❸ 바로 가져가는 표현

- **Should I put on a shirt?**
  제가 셔츠를 입어야 하나요?

- **I like putting on makeup.**
  난 화장하는 게 좋아.

- **I think you've put on some weight.**
  너 살이 좀 찐 것 같아.

표현 써먹기

1 착용할 복장에 관해 이야기할 때

A Should I **put on** a shirt?
제가 셔츠를 입어야 하나요?

B Yes, you have to wear a white shirt and black shoes. 네, 하얀색 셔츠를 입고 검정 구두를 신어야 합니다.

2 화장하는 걸 좋아한다고 말할 때

A I like **putting on** makeup.
난 화장하는 게 좋아.

B But it's bothersome to wash off makeup.
그렇지만 화장 지우는 건 귀찮아.   ★ **wash off** 지우다, 씻어서 없애다

3 살이 쪘다고 말할 때

A I think you've **put on** some weight.
너 살이 좀 찐 것 같아.

B I know. So I'm going on a diet.
나도 알아. 그래서 다이어트 할 거야.

003.mp3

turn on

① (불, 기계를) 켜다, 틀다　② (성적으로) 흥분시키다

　전기가 통하는 장치를 켠다고 할 때 turn on을 쓰는 이유는 앞에서 설명했습니다. 그런데 레버를 돌려서 계속 진행되게 하는 동작도 turn on으로 표현할 수 있습니다. '수도꼭지를 틀다'의 turn on a tap이 그 예입니다. 사람 마음에 정열의 불을 켜는 것도 turn on입니다. 미드에서 목소리를 살짝 깔고서는 You turn me on(넌 날 흥분시켜).이라고 상대에게 속삭이는 장면을 본 기억이 있을 겁니다. turn on을 통해 마음속에 사랑의 불이 들어왔음을 나타내는 거죠. 성적인 뉘앙스가 담긴 표현이니까 아무한테나 말하지 않도록 주의하세요.

· **Can you turn on the light?**
불 좀 켜 줄래?

· **My phone was dead. So I couldn't turn it on.** 내 핸드폰 배터리가 다 됐어. 그래서 핸드폰을 못 켰어.

· **Her beautiful voice turns me on.**
난 그녀의 아름다운 목소리에 매력을 느껴(그녀의 목소리는 날 흥분시켜).

표현 써먹기

1 불을 켜 달라고 요청할 때

A Can you **turn on** the light? It's too dark.
불 좀 켜 줄래? 너무 어두워.

B I can't. The light went out.
못 켜. 불이 나갔어.

2 핸드폰을 켜지 못한 상황을 말할 때

A Why didn't you pick up the phone?
너 왜 전화 안 받았어?

B My phone was dead. So I couldn't **turn** it **on**.
내 핸드폰 배터리가 다 됐어. 그래서 핸드폰을 못 켰어.

3 애인 얘기를 할 때

A Why do you like her?
넌 그녀가 왜 좋니?

B I love her voice. Her beautiful voice **turns** me **on**.
난 그녀의 목소리가 좋아. 난 그녀의 아름다운 목소리에 매력을 느껴.

004.mp3

move on

① 넘어가다 　② (잊고) 나아가다

move on은 계속(on) 움직이는(move) 것입니다. 어떤 상태에 머무르지 않고 새로운 직장, 목적지, 주제 등으로 '넘어간다'는 의미이죠. 그래서 다음 문제로 넘어가자고 할 때 Let's move on to the next question.이라고 말합니다. 이는 과거의 아픔이나 상처를 잊고 '나아가다'라는 의미로 확장됩니다. 이별의 아픔을 겪은 분들, 이제 더 이상 과거의 상처에 얽매이지 않고 새로운 사랑, 새로운 일상으로 나아가기 바랍니다. It's time to move on(이제 과거는 잊고 앞으로 나아가야 할 때예요)!

바로 가져가는 표현

· **Can we move on to the next step?**
다음 단계로 넘어가도 될까요?

· **Could you forgive me and move on?**
나를 용서하고 넘어가 주면 안 될까?

· **It's time to move on!**
이젠 나아가야 할 때야!

 표현 써먹기

1 다음 단계로 진도를 나가려고 할 때

A Can we **move on** to the next step?
다음 단계로 넘어가도 될까요?

B I have a question!
질문 있습니다!

2 잘못을 봐달라고 사정할 때

A I said 'I'm sorry' a million times. Could you forgive
me and **move on**?
난 수백 번 미안하다고 말했어. 나를 용서하고 넘어가 주면 안 될까?

B I'll let it go this time. 이번은 봐줄게.

3 이별의 아픔을 극복했음을 선언할 때

A I'm over him. It's time to **move on**!
난 그 사람을 잊었어. 이젠 나아가야 할 때야!

B That's my girl. You deserve better!
이래야 내 친구지. 넌 더 나은 대우를 받을 자격이 있어!

005.mp3

get on

① (버스, 지하철 등을) 타다

② 잘 해 나가다

③ (사이 좋게) 잘 지내다 (with)

버스(bus), 기차(train), 지하철(subway), 엘리베이터(elevator) 등을 얻어서(get) 그것들에 붙어(on) 가는 모습을 떠올려 보세요. 'get on+교통수단'이 '~을 타다'의 의미를 갖는 이유를 알 수 있을 거예요(하지만 자동차car나 택시taxi를 탈 때는 get in을 씁니다). get on이 '상황'과 연결되면 그 상황에 올라타서 계속 가는 것이므로 '잘 해 나가다'의 의미를 갖게 됩니다. 그래서 유학 가거나 해외로 일하러 간 친구에게 잘 지내냐고 물어볼 때 get on을 쓰기도 하죠. get on은 인간관계에서도 쓸 수 있습니다. get on 뒤에 'with+사람'을 붙이면 누군가와 계속 붙어 가는 것이므로 '~와 잘 지내다'의 뜻을 나타냅니다.

③ 바로 가져가는 표현

- **Get on the bus.**
  그 버스를 타.

- **How are you getting on in Vancouver?**
  밴쿠버에서 잘 지내고 있어?

- **I'm trying to get on with my boss.**
  난 상사랑 잘 지내보려고 노력 중이야.

표현 써먹기

1 버스에 타라고 할 때

A   Are you on the bus?
너 그 버스에 타고 있어?

B   Yes! **Get on** the bus. You can meet me on the bus.
맞아! 그 버스를 타. 버스에서 날 만날 수 있을 거야.

2 타지에 있는 친구의 안부를 물을 때

A   It's been a while! How are you **getting on** in Vancouver?
오랜만이다! 밴쿠버에서 잘 지내고 있어?

B   I'm **getting on** pretty well. 꽤 잘 지내고 있어.

3 직장 상사와의 관계를 이야기할 때

A   How do you like your boss?
너네 상사는 어때?

B   I don't know. I'm trying to **get on** with my boss.
잘 모르겠어. 난 상사랑 잘 지내보려고 노력 중이야.

구동사 복습하기 주어진 구동사를 우리말 문장에 맞게 알맞은 형태로 쓰세요.

---

go on

(여행, 휴가 등을) 떠나다,
가다
발생하다, 일어나다
계속하다

1 I want to _____ a trip.
나 여행 가고 싶어.

2 What's _____ here?
여기 무슨 일이야(여기서 무슨 일이 벌어지고 있는 거야)?

3 Sorry for interrupting you. _____
_____ **talking.** 말 끊어서 미안해요. 계속 말씀하세요.

---

put on

입다, 신다, 쓰다, 걸다
살찌다, 체중이 늘다

4 Should I _____ a shirt?
제가 셔츠를 입어야 하나요?

5 I like _____ makeup.
난 화장하는 게 좋아.

6 I think you've _____ some
weight. 너 살이 좀 찐 것 같아.

---

turn on

(불, 기계를) 켜다, 틀다
(성적으로) 흥분시키다

7 Can you _____ the light?
불 좀 켜 줄래?

8 My phone was dead. So I couldn't _____ it
_____. 내 핸드폰 배터리가 다 됐어. 그래서 핸드폰을 못 켰어.

9 Her beautiful voice _____ me
_____. 난 그녀의 아름다운 목소리에 매력을 느껴.

---

move on

넘어가다
(잊고) 나아가다

10 Can we   to the next step? 다음 단계로 넘어가도 될까요?

11 Could you forgive me and   ? 나를 용서하고 넘어가 주면 안 될까?

12 It's time to   ! 이젠 나아가야 할 때야!

---

get on

(버스, 지하철 등을) 타다
잘 해 나가다
(사이 좋게) 잘 지내다
(with)

13   the bus. 그 버스를 타.

14 How are you   in Vancouver? 밴쿠버에서 잘 지내고 있어?

15 I'm trying to   with my boss. 난 상사랑 잘 지내보려고 노력 중이야.

★구동사 복습하기의 영어 문장을 듣고 따라 말해 보세요.

006.mp3

구동사로 대화하기 다음 A, B 대화를 보고 빈칸의 문장을 알맞게 완성하세요.

1   A: _____ to Jeju Island.

　　　나 제주도로 여행 가고 싶어.

　　B: **So do I.** _____ .

　　　나도 그래. 난 맨날 출장만 가.

2   A: _____ .

　　　난 화장하는 게 좋아.

　　B: **But it's bothersome to wash off makeup.**

　　　그렇지만 화장 지우는 건 귀찮아.

3   A: **Why didn't you pick up the phone?**

　　　너 왜 전화 안 받았어?

　　B: **My phone was dead. So** _____ .

　　　내 핸드폰 배터리가 다 됐어. 그래서 핸드폰을 못 켰어.

4   A: **I'm over him.** _____ !

　　　난 그 사람을 잊었어. 이젠 나아가야 할 때야!

　　B: **That's my girl. You deserve better!**

　　　이래야 내 친구지. 넌 더 나은 대우를 받을 자격이 있어!

5   A: **Are you on the bus?**

　　　너 그 버스에 타고 있어?

　　B: **Yes!** _____ . **You can meet me on the bus.**

　　　맞아! 그 버스를 타. 버스에서 날 만날 수 있을 거야.

★**구동사로 대화하기**의 대화를 듣고 따라 말해 보세요.

007.mp3

표현 확장하기 **주어진 우리말 문장에 맞게 영어 문장을 써 보세요.**

1 나 언젠가는 신혼여행을 갈 거야. (will, someday)

.

2 제가 마스크를 써야 하나요? (should)

?

3 스피커 좀 켜 줄 수 있어? (speaker)

?

4 그를 용서해 주고 넘어가면 안 될까? (could, you)

?

5 파리에서 잘 지내고 있어? (Paris)

?

6 네 생각에 나 살찐 거 같아?

Do you   ?

7 여기서 무슨 일이 벌어지고 있었던 거야?

?

8 난 요즘 상사랑 잘 지내.

.

008.mp3

★표현 확장하기의 영어 문장을 듣고 따라 말해 보세요.

count on

① 믿다　② 의지하다

　은행은 고객의 돈을 받아서 세고(count) 보관해 주는 기관입니다. 그리고 우리는 은행을 믿기 때문에 은행에 돈을 맡깁니다. 이렇게 생각하면 count on이 왜 '믿다', '의지하다'라는 뜻을 갖는지 이해할 수 있을 거예요. count on은 상대가 '해낼 것으로 기대하고 믿는다'는 의미가 담겨 있으므로 누가 날 count on 하고 있다고 하면 큰 힘을 받겠죠. 저도 여러분이 구동사 공부를 해낼 것이라고 믿습니다! I'm counting on you(저는 여러분을 믿습니다).

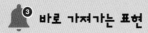

· **Can I count on you?** 내가 널 믿어도 될까?

· **I'm counting on you to make it.**
난 네가 (그 일을) 해낼 거라고 믿어.

· **I have kids and they're counting on me.**
내겐 아이들이 있고 그들은 날 의지하고 있어.

🔘 표현 써먹기

1 상대를 신뢰할 수 있는지 확인할 때

A Can I **count on** you?
내가 널 믿어도 될까?

B You can **count on** me. I'll never let you down.
나만 믿어. 절대로 널 실망시키지 않겠어.

2 걱정하는 친구를 격려할 때

A I'm not sure if I can make it.
내가 해낼 수 있을지 잘 모르겠어.

B I'm **counting on** you to make it.
난 네가 (그 일을) 해낼 거라고 믿어. ＊**make it** 해내다, 성공하다

3 누가 나를 의지하고 있음을 이야기할 때

A Why do you work so hard?
넌 왜 그렇게 열심히 일해?

B Because I have kids and they're **counting on** me.
왜냐하면 내겐 아이들이 있고, 그들은 날 의지하고 있거든.

cheat on

① 바람 피우다 ② (시험에서) 부정행위를 하다

동사 cheat의 기본 뜻은 '속이다'인데, cheat 뒤에 '붙어 있는'의 속성을 지닌 on과 '대상'이 오면 '어떤 대상을 속이다'라는 말이 됩니다. 그래서 cheat on 뒤에 '사람'이 붙으면 '(누구를 두고) 바람 피우다'라는 뜻을 나타냅니다. 그럼 cheat on 뒤에 시험(test, exam)이 나온다면 어떤 뜻이 될까요? 이것은 컨닝, 즉 '부정행위를 저지르는' 것을 뜻합니다.

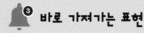
바로 가져가는 표현

- **You're cheating on me, aren't you?**
  너 나 두고 바람 피우고 있잖아, 아니야?

- **I can't figure out why people cheat on their partners.** 난 사귀는 사람을 두고 바람 피우는 사람들이 이해가 안 가.

- **I cheated on a test and feel bad.**
  내가 시험에서 컨닝을 했는데 그게 마음에 걸려.

표현 써먹기

1 상대가 바람 피우고 있다는 의심이 들 때

A Why do you want to break up with me?
자기는 왜 나랑 헤어지고 싶어 하는 거야?

B You're **cheating on** me, aren't you?
자기가 나 두고 바람 피우고 있잖아, 아니야?

2 누가 바람 피웠다는 이야기를 할 때

A They broke up because her boyfriend **cheated on** her. 걔 남자친구가 바람 피워서 걔네 헤어졌대.

B I can't figure out why people **cheat on** their partners. 난 사귀는 사람을 두고 바람 피우는 사람들이 이해가 안 가.

3 시험에서 부정행위를 저질렀음을 말할 때

A What's wrong with you? You look nervous.
무슨 일이야? 너 초조해 보여.

B I **cheated on** a test and feel bad.
내가 시험에서 컨닝을 했는데 그게 마음에 걸려.

hold on

① 기다리다   ② 버티다, 견디다

hold on의 첫 번째 뜻은 '기다리다'입니다. 잠깐만 기다리라고 할 때 흔히 Hold on!이라고 하죠. '들다', '잡다', '잡고 있다'를 기본 뜻으로 갖는 동사 hold에 on(이어지는)이 붙으면 들거나 잡고 있는 행위가 이어지는 것입니다. 물건을 놓지도 못하고 하염없이 들고 서 있는 모습을 상상해 보세요. 왜 hold on이 '기다리다'라는 뜻을 갖는 지 이해할 수 있을 겁니다. 비슷한 뜻을 가진 표현으로는 wait a minute, hang on이 있습니다. 또한 무언가를 드는 건 때로는 힘든 일이죠. 그런데 도 계속 들고 있는 것이기에, hold on은 어려운 상황을 '버티다', '견디다'라 는 뜻도 갖습니다.

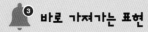 **바로 가져가는 표현**

· **Hold on. I'll be right back.**
잠시만요. 금방 돌아오겠습니다.

· **Can you hold on a second?**
잠깐만 기다려 줄래?

· **I can't hold on anymore.**
난 더 이상 못 버티겠어.

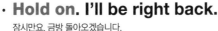

표현 써먹기

1 손님에게 기다려 달라고 할 때

A Do you have this jacket in a large?
이 재킷 라지 사이즈 있나요?

B Let me check. **Hold on.** I'll be right back.
확인해 볼게요. 잠시만요. 금방 돌아오겠습니다.

2 약속 상대에게 기다려 달라고 부탁할 때

A Can you **hold on** a second? I'm almost there.
잠깐만 기다려 줄래? 나 거의 다 왔어.

B Yes, I'm standing at the coffee shop.
그래. 난 커피숍 앞에 서 있어.

3 못 버틸 것 같아 포기하고 싶을 때

A I can't **hold on** anymore.
난 더 이상 못 버티겠어.

B It's almost done. **Hold on** a bit longer.
거의 다 끝났어. 조금만 더 참아(버텨) 봐.

work on

① 열중하다, (잘하려고) 노력하다   ② (설득하려고) 공들이다

어떤 작업에 계속 붙어 있는 모습을 상상해 보세요. 거기서 무언 가에 '열중하여 일하고 노력하는' work on의 뜻을 연상할 수 있을 겁니다. 문제를 해결하거나 뭔가를 더 잘하고 싶기 때문에 work on 하는 거겠죠. 그럼 work on 뒤에 '사람'이 오면요? 누군가에게 계속 작업 중이라는 것은 내가 원하는 쪽으로 상대가 움직이도록 '설득하고' 있다는 말이겠죠. 그래서 work on에는 '~를 설득하려고 공들이다'라는 뜻도 있습니다.

바로 가져가는 표현

· **What are you working on?** 너 뭘 그렇게 열심히 하고 있어?

· **I don't speak English well. But I'm working on it.** 난 영어를 잘 못해. 그렇지만 (잘하려고) 노력 중이야.

· **I'm working on him to come to the party.** 난 그에게 파티에 오라고 설득하고(공들이고) 있어.

 표현 써먹기

1 몰두해서 하는 일이 뭔지 묻고 답할 때

　A **What are you working on?**
　　너 뭘 그렇게 열심히 하고 있어?

　B I'm **working on** my report.
　　보고서를 쓰고 있어.

2 잘하고 싶어서 노력 중이라고 말할 때

　A I don't speak English well. But I'm **working on** it.
　　난 영어를 잘 못해. 하지만 (잘하려고) 노력 중이야.

　B I love your attitude.
　　난 너의 그런 마음가짐이 너무 좋아.

3 친구를 설득 중이라고 말할 때

　A I want him to come to the party.
　　그 사람이 파티에 왔으면 좋겠다.

　B I'm **working on** him to come to the party.
　　내가 그에게 파티에 오라고 설득하고 있어.

▶

구동사 복습하기 주어진 구동사를 우리말 문장에 맞게 알맞은 형태로 쓰세요.

---

count on

믿다
의지하다

1 Can I ▨▨▨▨▨▨▨▨▨▨▨ you?

내가 널 믿어도 될까?

2 I'm ▨▨▨▨▨▨▨▨▨▨▨ you to make it.

난 네가 (그 일을) 해낼 거라고 믿어.

3 I have kids and they're ▨▨▨▨▨▨▨ ▨▨▨▨ me.

내겐 아이들이 있고 그들은 날 의지하고 있어.

---

cheat on

바람 피우다
(시험에서) 부정행위를
하다

4 You're ▨▨▨▨▨▨▨▨▨▨ me, aren't you?

너 나 두고 바람 피우고 있잖아, 아니야?

5 I can't figure out why people ▨▨▨▨▨▨▨▨ their partners.

난 사귀는 사람을 두고 바람 피우는 사람들이 이해가 안 가.

6 I ▨▨▨▨▨▨▨▨▨▨ a test and feel bad.

내가 시험에서 컨닝을 했는데 그게 마음에 걸려.

---

hold on

기다리다
버티다, 견디다

7   **. I'll be right back.**

잠시만요. 금방 돌아오겠습니다.

8   **Can you**   **a second?**

잠깐만 기다려 줄래?

9   **I can't**   **anymore.**

난 더 이상 못 버티겠어.

work on

열중하다,
(잘하려고) 노력하다
(설득하려고) 공들이다

10   **What are you**   **?**

너 뭘 그렇게 열심히 하고 있어?

11   **I don't speak English well. But I'm**
            it.

난 영어를 잘 못해. 하지만 (잘하려고) 노력 중이야.

12   **I'm**   **him to come to the party.**

난 그에게 파티에 오라고 설득하고(공들이고) 있어.

★**구동사 복습하기의 영어 문장을 듣고 따라 말해 보세요.**

013.mp3

구동사로 대화하기 다음 A, B 대화를 보고 빈칸의 문장을 알맞게 완성하세요.

1 A: **I'm not sure if I can make it.**

내가 해낼 수 있을지 잘 모르겠어.

B: _____ .

난 네가 (그 일을) 해낼 거라고 믿어.

2 A: **Why do you want to break up with me?**

자기는 왜 나랑 헤어지고 싶어 하는 거야?

B: _____ , aren't you?

자기가 나 두고 바람 피우고 있잖아, 아니야?

3 A: **Do you have this jacket in a large?**

이 재킷 라지 사이즈 있나요?

B: **Let me check.** _____ . **I'll be right back.**

확인해 볼게요. 잠시만요. 금방 돌아오겠습니다.

4 A: _____ ?

너 뭘 그렇게 열심히 하고 있어?

B: _____ my report.

나는 보고서를 쓰고 있어.

5 A: **I don't speak English well. But** _____ .

난 영어를 잘 못해. 하지만 (잘하려고) 노력 중이야.

B: **I love your attitude.**

난 너의 그런 마음가짐이 너무 좋아.

★**구동사로 대화하기**의 대화를 듣고 따라 말해 보세요.

014.mp3

표현 확장하기 주어진 우리말 문장에 맞게 영어 문장을 써 보세요.

1 난 그를 믿을 수가 없어.

.

2 난 시험에서 컨닝 안 했어.

.

3 난 더 이상은 못 버틸 것 같아. (anymore)

I don't

.

4 넌 뭘 그렇게 열심히 하는 중이었어?

?

5 내 가족은 날 믿고 의지하고 있어.

.

6 넌 왜 사람들이 사귀는 사람을 두고 바람을 피우는지 이해 가니? (figure out)

Can

?

7 나 잠깐 기다릴 수 있어. (for a second)

.

8 너 그녀에게 그 일을 하게끔 설득하고(공들이고) 있어? (it)

?

015.mp3

★표현 확장하기의 영어 문장을 듣고 따라 말해 보세요.

더 알면 득 되는 on의 표현들

on은 참 많이 사용되는 전치사인데요, on에 관해 다시 한번 간략히 복습해 보겠습니다. on의 기본 속성은 '붙어 있는'입니다. 벽에 사진이 붙어 있고 천장에 파리가 붙어 있고 식탁에 커피잔이 놓여 있는 것을 모두 on으로 표현하죠. '불이 켜지는' 것 또한 on의 '붙어 있는' 속성을 활용한 구동사 표현으로 나타낼 수 있습니다. 그리고 전기는 한번 흐르면 그 상태가 유지되기 때문에, on에는 '계속하는', '이어지는'이라는 속성도 갖는다고 설명했습니다.

지금은 앞에서 다루지 못한 on이 쓰이는 알짜 표현들을 몇 개 더 소개하겠습니다. '3 대 3 미팅(소개팅)'을 영어로 뭐라고 할까요? 3 on 3 blind date입니다. 소개팅 상황을 상상해 보세요. 테이블을 사이에 두고 한쪽에 3명이 앉아 있고 그 맞은편에도 3명이 앉아 있습니다. 그들은 서로를 마주 보며 한 테이블에 '붙어 있는' 상태입니다. 이걸 영어에서는 on을 써서 3 on 3로 표현합니다. 하나 더. 축구는 11명으로 구성된 두 팀이 서로 마주 보고 붙어서 겨루는 스포츠인데요, 그러면 '11 대 11'은 영어로 뭐라고 할까요? on을 얼른 떠올리셔야 합니다. 즉, 11 on 11이겠죠.

on의 '붙어 있는' 속성을 이해하면 다음 표현들도 쉽게 이해할 수 있을 겁니다.

> I'm **on** your side. 난 네 편이야.
>
> I'm **on** it. 제가 그걸 맡을게요.
>
> It's **on** me. 내가 낼게.

I'm on your side.는 일상에서 정말 자주 쓰이는 표현이죠. 네 옆에 내가 찰싹 달라붙어 있다는 말이니까 '난 네 편이야'라는 의미입니다.

이 외에도, have a crush on이라는 표현도 짚고 가겠습니다. crush는 '홀딱 반함'이라는 의미의 단어로, have a crush on이라고 하면 내 마음이 '어떤 사람에 붙어 강렬한 사랑의 감정을 느낀다'는 것입니다. 따라서 have a crush on은 '~에게 홀딱 반하다', 또는 상황에 따라 '(깊게) 짝사랑하다'라는 뜻을 갖습니다. 정말 많이 쓰는 표현이니까, 앞으로는 '사랑에 빠지다'를 표현할 때 fall in love뿐만 아니라 have a crush on도 바로 꺼내 쓸 수 있도록 연습해 두세요.

I have a crush on him/her. 난 그/그녀에게 반했어.

A: Just between you and me, I **have a crush on** him.
너한테만 말하는 건데, 나 그 사람을 짝사랑하고 있어.

B: You what? Do you **have a crush on** him?
뭐? 걔를 짝사랑한다고?

참고로 crush만으로도 '짝사랑 상대'나 '내가 좋아하는 사람'을 나타낼 수 있습니다. He is my crush(그 남자가 내가 짝사랑하는 사람이야).처럼 쓰면 돼요.

혹시 지금 누군가에게 반했거나 짝사랑을 하고 있나요? 제가 살짝 물어볼게요.

Do you have a crush on someone?

CHAPTER 2

OFF

- □ be off
- □ come off
- □ pay off
- □ go off
- □ turn off
- □ take off
- □ put off
- □ call off
- □ get off
- □ rip off
- □ show off

'떨어진' 속성 붙어 있던 것이 완전히 분리된 것

OFF

손을 펴고 두 손을 기도하듯이 모아 보세요. 이제 그 손을 떼어 보세요. 축하합니다. 여러분은 벌써 off의 본질을 파악했습니다. 무슨 말이냐고요? off는 on과 반대되게 **붙어 있던 것이 완전히 떨어짐**을 의미합니다.

앞서 말했지만, 조금이라도 붙어 있다면 off가 아닙니다. 예문을 볼까요?

I cut the paper.　　　　I cut off a piece of paper.

두 예문에는 어떤 차이가 있을까요? 둘 다 '난 종이를 잘랐다'라는 뜻입니다. 다만 그림을 통해서도 알 수 있듯이, off 없이 cut만 쓰면 다 잘랐을 수도 있고, 자르긴 자르되 자른 부분이 종이 끝에 여전히 조금 붙어 있는 상태일 수도 있습니다. 그러나 cut이 off와 함께 쓰이면 자른 부분은 무조건 종이에서 **떨어진** 것입니다. '완전히 잘라내다'의 의미라고 할 수 있죠.

다른 예도 하나 더 살펴보겠습니다. 친구가 갑자기 헤드록을 겁니다. 빠져나오려고 아등바등하면서 이렇게 말했습니다. "이거 놔!" 이 문장을 영어로는 어떻게 말할까요? 이 짧은 문장도 영어로 하려니 쉽게 입에서 나오지 않을 겁니다. 그런데 정말 간단해요. 나한테 붙어 있는 친구가 나로부터 **떨어지길** 요구하는 거니까 off를 활용해서 말할 수 있습니다. 다음 문장처럼요.

Get off me!
나한테서 떨어져!

〈현재 상태〉　　　　　　　　　　〈Get off me!의 결과〉

Get off me! 미드에서 많이 들어본 말이죠? 알고는 있었는데 막상 생각나진 않았을 거예요. 잡아서 완전히 떼어내는 상황을 연상하면 Get off me.가 왜 '내게서 떨어져라'라는 뜻인지 쉽게 이해할 수 있을 겁니다.

'떨어진'이라는 off의 속성을 알았으니, 이제 off와 함께 쓰이는 유용한 구동사를 배우러 가 봅시다!

be off

① (회사나 일을) 쉬는 날이다, 근무가 끝나다

② 떠나다, 가다

be off는 어딘가로부터 '떨어져 있는' 것입니다. 일터에서 떨어져 있으면 '일을 쉬다' 또는 '근무가 끝나다'란 의미가 되겠죠. 또한 있던 자리에서 떨어지는 것이므로 be off에는 '떠나다', '가다'란 의미도 있습니다. 앞으로는 퇴근할 때 I'm off. Bye(난 퇴근할게/나 갈게. 안녕)!라고 인사해 보세요.

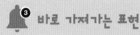
- **I'm off tomorrow.**
  나 내일 쉬는 날이야.

- **Where are you off to?**
  너 어디 가?

- **I'm off to work.**
  난 일하러 가.

 표현 써먹기

1 언제 일을 쉬는지 말할 때

A **Do you work tomorrow?**
내일 일해?

B **I'm off tomorrow. I'll get some rest at home.**
나 내일 쉬는 날이야. 집에서 좀 쉬려고.

2 어디로 가는지 물을 때

A **Where are you off to?**
너 어디 가?

B **I'm off to bed. I'm so sleepy.**
자러 가. 너무 졸려.

3 출근하러 갈 때

A **I'm off to work. See you later.**
난 일하러 가. 이따 봐.

B **Take care. Have a great day.**
잘 가. 좋은 하루 보내.

come off

① 빠지다, 떨어지다　② (계획한 대로) 되다, 잘 풀리다

▶

come off는 몸에서 무언가를 떼어내거나 떨어뜨릴 때 쓸 수 있습니다. 몸에 딱 달라붙어 있던 게 빠지는(떨어지는) 느낌이죠. 흔히 반지가 꽉 껴서 빠지지 않을 때 It won't come off(이게 안 빠져요).라고 합니다. 그런데 안 빠지던 게 쏙 빠지면 속이 후련하고 성공한 기분이 들겠죠? 그래서 일이 계획대로 잘 풀리거나 성공했을 때도 It came off!라고 합니다.

- **The ring won't come off.**
  반지가 안 빠져.
- **The dinner party came off.**
  저녁 파티는 성공적이었어(계획대로 잘됐어).
- **Sadly, the meeting didn't come off well.**
  안타깝게도, 회의가 잘 풀리지 않았어.

표현 써먹기

1 뭔가가 꽉 껴서 빠지지 않을 때

A The ring won't **come off**. It is stuck.
반지가 안 빠져. (손가락에) 걸렸어.

B Rub your hands with soap.
손에 비누칠을 해 봐.   ＊**stuck** 끼인, 막힌   **rub** 문지르다, 닦다

2 성공적으로 끝난 행사를 자축하며

A The dinner party **came off**.
저녁 파티는 성공적이었어.

B It's all thanks to you.
다 네 덕이야.

3 계획대로 되지 않았음을 말할 때

A Sadly, the meeting didn't **come off** well.
안타깝게도, 회의가 잘 풀리지 않았어.

B That's too bad. You prepared a lot for this meeting.
속상하네. 너 이 회의를 위해 준비 많이 했잖아.

018.mp3

pay off

① (빛 등을) 갚다   ② 결실을 맺다, 성과를 올리다

내 지갑에서 돈을 떼내 지불하는 상황을 그려 보세요. 그러면 왜 pay off가 '갚다'라는 뜻을 갖는지 이해하기 쉬울 겁니다. 그래서 pay off 뒤에는 debt(빛), mortgage(주택 담보 대출), loan(대출) 등이 따라 나오곤 합니다. 그리고 돈뿐만 아니라 노력을 지불할 수도 있습니다. 그렇게 지불한 나의 노력, 열정이 값을 치르면 결실을 맺게 되겠죠. 그래서 '결실을 맺다', '성과를 올리다'라는 뜻으로도 씁니다. 이 책으로 열심히 공부하는 여러분의 노력도 조만간 분명히 pay off 할 거예요!

③ 바로 가져가는 표현

· **I paid off all my debts today!**
나 오늘 빚을 다 갚았어!

· **Your hard work will pay off.**
너의 수고는 결실을 맺을 거야.

· **Their hard training paid off.**
그들의 고된 훈련이 성과가 있었어.

표현 써먹기

1 빚을 다 청산했을 때

A You look so happy today.
너 오늘 되게 행복해 보인다.

B I **paid off** all my debts today! I'm so happy.
나 오늘 빚을 다 갚았어! 너무 행복해.

2 수고의 결실을 거둘 거라고 격려해 줄 때

A I've worked so hard, but I achieved nothing.
난 정말 열심히 했는데, 아무것도 이룬 게 없어.

B Your hard work will **pay off**. So keep up the good
work. 너의 수고는 결실을 맺을 거야. 그러니 이대로만 계속해.

3 좋은 성과를 거둔 것을 말할 때

A How did the game go?
그 경기 어떻게 됐어?

B They won the game. Their hard training **paid off**.
걔들이 경기를 이겼어. 그들의 고된 훈련이 성과가 있었어.

019.mp3

go off

① 자리를 뜨다, 가다   ② (알람이) 울리다   ③ (폭탄 등이) 터지다

원래 있던 자리에서 떨어져서(off) 가는(go) 것이므로 go off도 be off처럼 '떠나다'의 의미를 갖습니다. 그런데 '(알람이) 울리다'라 는 뜻으로도 쓰이는 이유는 왜일까요? 옛날 시계에는 알람이 울려 야 할 시간에 장치를 걸어 놓았다고 합니다. 시계가 가다가 해당 시 간이 되면 걸려 있던 장치가 떨어지면서 소리가 났던 건데, 그것을 go off로 표현한 것이죠. Sorry, the alarm didn't go off this morning.을 외 워 뒀다가 지각했을 때 써 보세요. 또한 폭탄에 붙어 있는 안전핀의 안전장 치가 떨어지면 폭탄이 터지겠죠. 그래서 '(폭탄 등이) 터지다'라는 뜻도 갖게 되었습니다.

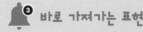

3 바로 가져가는 표현

- **My children went off to school.**
  우리 애들은 학교에 갔어.
- **The alarm didn't go off this morning, so I'm late.** 아침에 알람이 울리지 않아서 지각했어요.
- **If you press the button, the bomb will go off.** 자네가 그 버튼을 누르면 폭탄이 터질 거야.

표현 써먹기

1 학교, 일터 등으로 가는 것을 말할 때

   A My children **went off** to school. Finally, I can get some rest. 우리 애들은 학교에 갔어. 드디어 좀 쉴 수 있어.

   B Haha, take your time. I'm **going off** to get some coffee. 하하, 잘 쉬어. 난 커피 마시러 나갈게.

2 직장에 늦은 이유를 설명할 때

   A Why are you late? 왜 지각했죠?

   B The alarm didn't **go off** this morning, so I'm late. Sorry.
   아침에 알람이 울리지 않아서 지각했어요. 죄송합니다.

3 폭발물이 터질 거라고 경고할 때

   A If you press the button, the bomb will **go off**.
   자네가 그 버튼을 누르면 폭탄이 터질 거야.

   B I should be careful. 조심해야겠네요.

turn off

① (기계 등을) 끄다   ② (정, 호감 등을) 떨어뜨리다, 신경을 끊다

on 챕터에서 turn on에 관해 배웠습니다. turn on은 떨어져 있던 것이 붙는 것이므로 '켜다'라는 뜻을 갖는다고 했죠. turn off는 그 반대입니다. 붙어 있는 것을 떨어뜨리기 때문에 '(무언가를) 끄다'라는 뜻이 있습니다. 전기를 흐르게 하는 장치를 떨어지게 하므로 제품은 꺼질 수 밖에 없죠. 더 나아가, 어떤 대상을 향한 마음의 불을 끈다고 생각해 보세요. 그건 관심을 끄다, 즉 '(정, 관심 등을) 떨어뜨리다', '신경을 끊다'라는 말이죠. 그래서 정떨어진다는 것도 turn off로 나타냅니다.

바로 가져가는 표현

· **Can you turn off the light?**
불 좀 꺼 줄래?

· **I don't think I turned off the heater.**
나 히터를 안 끈 것 같아.

· **His rude attitude turned me off.**
난 그의 무례한 태도에 정이 떨어졌어.

표현 써먹기

1 불을 꺼달라고 요청할 때

A Can you **turn off** the light when you go out?
나갈 때 불 좀 꺼 줄래?

B Sure, I will turn it off. 응, 끌게.

2 전원을 안 껐다고 할 때

A I don't think I **turned off** the heater.
나 히터를 안 끈 것 같아.

B Oh my god! We should go back!
헐! 우리 돌아가야겠다!

3 누군가에게 정이 떨어졌음을 말할 때

A Why did you turn him down?
그의 고백을 왜 거절했어?   ★ **turn down** 거절하다

B He was being rude to people. His rude attitude
turned me **off**.
그가 사람들에게 무례하게 굴더라고. 난 그의 무례한 태도에 정이 떨어졌어.

take off

① (옷 등을) 벗다, 벗기다   ② (비행기가) 이륙하다   ③ (급히) 떠나다

take off의 뜻은 '뜨다'와 연결해서 외우면 편합니다. 옷이 뜨는 것은 옷을 벗거나 벗기는 거고, 비행기가 뜨면 이륙하는 것이고, 자리를 뜨는 건 장소를 떠나는 거죠. 이렇게 생각하니 정말 외우기도 쉽죠?

❸ 바로 가져가는 표현

- **Take off your coat and make yourself at home.** 코트 벗고 네 집처럼 편하게 있어. ★ **make oneself at home** 내 집처럼 편히 있다

- **Our plane is about to take off.**
  비행기가 곧 이륙하겠습니다.

- **He just took off to catch her.**
  그는 그녀를 붙잡으러 방금 (급히) 떠났어.

표현 써먹기

1 코트 등을 벗으라고 권유할 때

   A Come on in. **Take off** your coat and make yourself at home. 들어와. 코트 벗고 네 집처럼 편하게 있어.

   B Thank you for having me over. 초대해 줘서 고마워.

2 비행기가 이륙할 때

   A Our plane is about to **take off**. Please fasten your seat belt.
   비행기가 곧 이륙하겠습니다. 안전벨트를 매 주세요.

   B I already did. Thanks. 이미 맸어요. 감사해요.

3 급히 떠났음을 말할 때

   A Where is he?
   그는 어디에 있어?

   B He just **took off** to catch her.
   그는 그녀를 붙잡으러 방금 (급히) 떠났어.

구동사 복습하기 주어진 구동사를 우리말 문장에 맞게 알맞은 형태로 쓰세요.

---

be off

(회사나 일을) 쉬는 날이다.
근무가 끝나다
떠나다, 가다

1   tomorrow.

나 내일 쉬는 날이야.

2 Where   you   to?

너 어디 가?

3   to work.

난 일하러 가.

---

come off

빠지다, 떨어지다
(계획한 대로) 되다,
잘 풀리다

4 The ring won't   .

반지가 안 빠져.

5 The dinner party   .

저녁 파티는 성공적이었어.

6 Sadly, the meeting didn't

            well. 안타깝게도, 회의가 잘 풀리지 않았어.

---

pay off

(빚 등을) 갚다
결실을 맺다,
성과를 올리다

7 I   all my debts today!

나 오늘 빚을 다 갚았어!

8 Your hard work will   .

너의 수고는 결실을 맺을 거야.

9 Their hard training   .

그들의 고된 훈련이 성과가 있었어.

---

go off

자리를 뜨다, 가다
(알람이) 울리다
(폭탄 등이) 터지다

10 **My children** to school.

우리 애들은 학교에 갔어.

11 **The alarm didn't** this

morning, so I'm late. 아침에 알람이 울리지 않아서 지각했어요.

12 **If you press the button, the bomb will**

. 자네가 그 버튼을 누르면 폭탄이 터질 거야.

turn off

(기계 등을) 끄다
(정, 호감 등을) 떨어뜨리다,
신경을 끊다

13 **Can you** the light?

불 좀 꺼 줄래?

14 **I don't think I** the

heater. 나 히터를 안 끈 것 같아.

15 **His rude attitude** me .

난 그의 무례한 태도에 정이 떨어졌어.

take off

(옷 등을) 벗다, 벗기다
(비행기가) 이륙하다
(급히) 떠나다

16 your coat and make

yourself at home. 코트 벗고 네 집처럼 편하게 있어.

17 **Our plane is about to** .

비행기가 곧 이륙하겠습니다.

18 **He just** to catch her.

그는 그녀를 붙잡으러 방금 (급히) 떠났어.

★구동사 복습하기의 영어 문장을 듣고 따라 말해 보세요.

022.mp3

구동사로 대화하기 다음 A, B 대화를 보고 빈칸의 문장을 알맞게 완성하세요.

1 A: _____. See you later.

난 일하러 가. 이따 봐.

B: **Take care. Have a great day.** 잘 가. 좋은 하루 보내.

2 A: **Sadly,** _____.

안타깝게도, 회의가 잘 풀리지 않았어.

B: **That's too bad. You prepared a lot for this meeting.**

속상하네. 너 이 회의를 위해 준비 많이 했잖아.

3 A: **I've worked so hard, but I achieved nothing.**

난 정말 열심히 했는데, 아무것도 이룬 게 없어.

B: _____. So keep up the good work.

너의 수고는 결실을 맺을 거야. 그러니 이대로만 계속해.

4 A: _____. Finally, I can get some rest.

우리 애들은 학교에 갔어. 드디어 좀 쉴 수 있어.

B: **Haha, take your time.** _____.

하하, 잘 쉬어. 난 커피 마시러 나갈게.

5 A: **Why did you turn him down?** 그의 고백을 왜 거절했어?

B: **He was being rude to people. His** _____.

그가 사람들에게 무례하게 굴더라고. 난 그의 무례한 태도에 정이 떨어졌어.

6 A: _____. Please fasten your seat belt.

비행기가 곧 이륙하겠습니다. 안전벨트를 매 주세요.

B: **I already did. Thanks.** 이미 맸어요. 감사해요.

★구동사로 대화하기의 대화를 듣고 따라 말해 보세요.

023.mp3

표현 확장하기 주어진 우리말 문장에 맞게 영어 문장을 써 보세요.

1   나는 파리로 떠나.

     I'm   .

2   이게 빠지지가 않아.

                                         .

3   오늘 나는 빚을 다 갚을 거야.

                                         .

4   내일 아침에 알람이 울릴 거야.

                                         .

5   모니터 좀 꺼 줄 수 있어?

                                         ?

6   신발 벗고 들어와. (in)

                                         .

7   네 수고는 곧 결실을 맺을 거야.

     Your   .

8   그 비행기는 정시에 이륙했다. (on time)

                                         .

★표현 확장하기의 영어 문장을 듣고 따라 말해 보세요.

024.mp3

put
off

① 미루다, 연기하다

일정을 일정표의 원래 자리에서 떨어뜨린(off) 뒤 다른 자리로 옮겨 놓는(put) 상상을 해 보세요. put off가 '미루다', '연기하다'라는 뜻을 갖는 이유를 알 것 같지 않나요? put off는 일상에서 정말 자주 쓰이는 표현이니 꼭 기억해 둡시다.

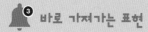

- **I'm calling to put off the meeting.**
회의를 미루고자 전화 드렸어요.

- **Why don't we put that off?**
우리 저 일을 미루는 게 어떨까?

- **You can put the appointment off until tomorrow.** 예약을 내일로 연기하실 수 있습니다.

🔘 표현 써먹기

1 회의를 미루고자 할 때

A I'm calling to **put off** the meeting.
회의를 미루고자 전화 드렸어요.

B Sure. When do you want to meet?
좋습니다. 언제로 하고 싶으세요?

2 일정을 미룰 때

A I think this is more important. Why don't we **put that off**?
내 생각엔 이게 더 중요한 것 같아. 우리 저 일을 미루는 게 어떨까?

B That's a good idea. 좋은 생각이야.

3 예약 날짜를 바꾸고자 할 때

A You can **put** the appointment **off** until tomorrow.
예약을 내일로 연기하실 수 있습니다.

B Then I will **put** it **off**. Thanks.
그럼 연기할게요. 감사합니다.

026.mp3

call
off

① 취소하다

put off가 일정을 미루는 것이라면 call off는 일정을 '취소하는' 것입니다. 일정을 완전히 off 한다고 전화하는(call) 상황을 상상하면 뜻을 이해하기 쉽습니다. put off만큼이나 많이 쓰는 표현이니 꼭 가져가세요!

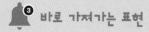

③ 바로 가져가는 표현

- **We called off the wedding.**
  우린 결혼식을 취소했어.

- **The concert was called off because of the virus.** 콘서트가 바이러스 때문에 취소됐어.

- **Why don't we call off the party?**
  파티를 취소하는 게 어때?

표현 써먹기

1 결혼식 등 행사의 취소를 알릴 때

  A We **called off** the wedding.
     우린 결혼식을 취소했어.

  B What happened? It looked like everything was going well. 무슨 일이야? 모든 게 잘돼 가는 것처럼 보였는데.

2 콘서트가 취소됐을 때

  A The concert was **called off** because of the virus.
     콘서트가 바이러스 때문에 취소됐어.

  B I'm so sad. I was looking forward to the concert a lot. 너무 슬퍼. 그 콘서트 엄청 기대하고 있었는데.

3 파티 등 일정을 취소하려고 할 때

  A It's pouring outside. Why don't we **call off** the party? 밖에 비가 엄청 쏟아져. 파티를 취소하는 게 어때?

  B I think that's a good idea. 좋은 생각 같아.

027.mp3

get off

① (버스, 지하철 등에서) 내리다　② 퇴근하다

　　　　　　get off는 떨어진(off) 상태를 얻는(get) 것입니다. get off a bus 라고 하면 버스에 발을 딛고 있다가 떨어지는 것이니 '버스에서 내리는' 것이고, get off work는 일터에 발을 딛고 있다가 거기서 떨어지는 것이니 '퇴근하는' 것이죠. 그럼 많은 직장인에게 사랑 받는, get off가 쓰인 이 표현을 외워 둘까요? Let's get off work(퇴근합시다)!

바로 가져가는 표현

· **I'm getting off at the next stop.**
저 다음 정거장에서 내려요.

· **I'm already dying to get off work.**
난 벌써 퇴근하고 싶어 죽겠어.

· **What time do you usually get off work?**
보통 몇 시에 퇴근하세요?

표현 써먹기

1 버스 등에서 내릴 때

A I'm **getting off** at the next stop.
저 다음 정거장에서 내려요.

B I'm not. Take care. 전 아니에요. 잘 가요.

2 퇴근하고 싶다고 말할 때

A Good morning! How are you?
좋은 아침! 기분은 어때?

B I'm already dying to **get off** work.
난 벌써 퇴근하고 싶어 죽겠어.

3 퇴근 시간을 물어볼 때

A What time do you usually **get off** work?
보통 몇 시에 퇴근하세요?

B Because I go to work late, I usually **get off** work
around 8 pm.
출근을 늦게 해서 보통 저녁 8시쯤 퇴근해요.

rip off

① 사기 치다, 훔치다, 베끼다, 모방하다　② 바가지 씌우다

　　　　rip off는 직역하면 '확 잡아서 뜯어내는' 것입니다. 나는 원하지 않는데 내가 가진 것을 뜯어간다? '사기 치거나' '훔치거나' '내 것을 베끼는' 것이죠. 거기서 '바가지를 씌우다'라는 의미로까지 확장되었 습니다. 참고로 명사형인 rip-off는 '바가지', '도둑질', '모작(짝퉁)'이 라는 뜻입니다. 시장이나 가게에서 사려는 물건이 터무니없이 비쌀 때 는 It's a rip-off(이건 완전 바가지예요)!라고 따져 보세요.

바로 가져가는 표현

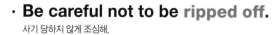

- **Be careful not to be ripped off.**
  사기 당하지 않게 조심해.

- **Why do they always rip off other works?**
  왜 그들은 항상 다른 작품들을 베낄까?

- **You got ripped off.**
  너 바가지 썼어.

표현 써먹기

1 사기를 조심하라고 경고할 때

A When you go to the market, be careful not to be **ripped off.** 시장에 가면 사기 안 당하게 조심해.

B Don't worry! I know it. 걱정하지 매 나도 알아.

2 표절 행위 등에 관해 얘기할 때

A They made a rip-off again. 그들이 또 짝퉁을 만들었어.

B Why do they always **rip off** other works?
왜 그들은 항상 다른 작품들을 베낄까?

3 바가지 썼다고 말할 때

A I bought this souvenir for 10,000 won.
이 기념품을 만 원에 샀어.

B You got **ripped off.** I bought the same one for 2,000 won.
너 바가지 썼어. 난 똑같은 거 이천 원에 샀어.   * souvenir 기념품

show off

① 자랑하다, 떠벌리다

혼자 떨어져 나와(off) 자신을 보여 주려고(show) 하는 것, 그래서 show off는 '자랑하다', '떠벌리다'라는 뜻을 갖습니다. 여러분은 뭘 자랑하고 싶나요? 저는 이 책을 자랑하고 싶네요. I want to show off my new book to you(여러분에게 제 새 책을 자랑하고 싶습니다)!

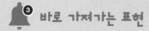

· **Stop showing off!**
자랑 좀 그만해!

· **I want to show off my new car to people.** 사람들에게 내 새 차를 자랑하고 싶어.

· **He likes to show off, doesn't he?**
그는 참 떠벌리기를 좋아해, 안 그래?

표현 써먹기

1 그만 자랑하라고 일침을 가할 때

A Every summer, I go to Hawaii for a trip. It's not that expensive. 난 매해 여름에 하와이로 여행을 가. 별로 안 비싸.

B Oh, come on! Stop **showing off**! I'm sick of it.
아, 제발! 자랑 좀 그만해! 지겨워 죽겠어.　　　　　　　　★ sick of ~에 넌더리 난

2 남들에게 뭔가를 자랑하고 싶을 때

A Look at this! Your new car is so nice!
이것 좀 보소! 네 새 차 진짜 멋지다!

B I know! I want to **show off** my new car to people.
알아! 사람들에게 내 새 차를 자랑하고 싶어.

3 누군가가 허세가 심하다고 이야기할 때

A He is a good guy but he likes to **show off**, doesn't he? 그는 괜찮은 남잔데, 참 떠벌리기를 좋아해, 안 그래?

B He is! Except that, he is perfect. 그렇다니까! 그것만 빼면 완벽한데 말이지.

▶

구동사 복습하기 주어진 구동사를 우리말 문장에 맞게 알맞은 형태로 쓰세요.

put off

미루다, 연기하다

1 I'm calling to _____ the meeting. 회의를 미루고자 전화 드렸어요.

2 Why don't we _____ that _____ ? 우리 저 일을 미루는 게 어떨까?

3 You can _____ the appointment _____ until tomorrow. 예약을 내일로 연기하실 수 있습니다.

call off

취소하다

4 We _____ the wedding. 우린 결혼식을 취소했어.

5 The concert was _____ because of the virus. 콘서트가 바이러스 때문에 취소됐어.

6 Why don't we _____ the party? 파티를 취소하는 게 어때?

get off

(버스, 지하철 등에서) 내리다
퇴근하다

7 I'm _____ at the next stop. 저 다음 정거장에서 내려요.

8 I'm already dying to _____ work. 난 벌써 퇴근하고 싶어 죽겠어.

9 What time do you usually

       work? 보통 몇 시에 퇴근하세요?

---

rip off

사기 치다, 훔치다, 베끼다,
모방하다
바가지 씌우다

10 Be careful not to be   .

    사기 당하지 않게 조심해.

11 Why do they always

    other works? 왜 그들은 항상 다른 작품들을 베낄까?

12 You got   .

    너 바가지 썼어.

---

show off

자랑하다, 떠벌리다

13 Stop   !

    자랑 좀 그만해!

14 I want to   **my new car**

    to people. 사람들에게 내 새 차를 자랑하고 싶어.

15 He likes to   **, doesn't**

    he? 그는 참 떠벌리기를 좋아해, 안 그래?

★구동사 복습하기의 영어 문장을 듣고 따라 말해 보세요.

030.mp3

구동사로 대화하기 다음 A, B 대화를 보고 빈칸의 문장을 알맞게 완성하세요.

1   A: _____ until tomorrow.

예약을 내일로 연기하실 수 있습니다.

B: **Then I will** _____. **Thanks.**

그럼 연기할게요. 감사합니다.

2   A: _____ .

콘서트가 바이러스 때문에 취소됐어.

B: **I'm so sad. I was looking forward to the concert a lot.**

너무 슬퍼. 그 콘서트 엄청 기대하고 있었는데.

3   A: **Good morning! How are you?**

좋은 아침! 기분은 어때?

B: **I'm** _____ .

난 벌써 퇴근하고 싶어 죽겠어.

4   A: **I bought this souvenir for 10,000 won.**

이 기념품을 만 원에 샀어.

B: _____ . **I bought the same one for 2,000 won.**

너 바가지 썼어. 난 똑같은 거 이천 원에 샀어.

5   A: **Every summer, I go to Hawaii for a trip. It's not that expensive.**

난 매해 여름에 하와이로 여행을 가. 별로 안 비싸.

B: **Oh, come on!** _____ **! I'm sick of it.**

아, 제발! 자랑 좀 그만해! 지겨워 죽겠어.

★**구동사로 대화하기의 대화를 듣고 따라 말해 보세요.**

031.mp3

표현 확장하기 주어진 우리말 문장에 맞게 영어 문장을 써 보세요.

1 예약을 미루고자 전화 드렸어요. (appointment)

I'm   .

2 우린 파티를 취소할 거야.

                                                                            .

3 전 오늘 저녁 6시에 퇴근합니다. (현재형)

                                                                            .

4 나 바가지 썼어.

                                                                            .

5 내 새 신발을 친구들에게 자랑하고 싶어.

                                                                            .

6 다음 정거장에서 내리실 거예요? (be going to)

                                                                            ?

7 그 콘서트는 취소될 거야.

                                                                            .

8 그는 너무 자랑을 많이 해.

                                                                            .

★표현 확장하기의 영어 문장을 듣고 따라 말해 보세요.

032.mp3

왜 '옷을 벗다'는 **take off**일까?

put on이 '(옷을) 입다'의 뜻이라고 해서 put off가 그 반대말인 '(옷을) 벗다'가 아니라는 것을 알고 있어야 합니다(put off는 '연기하다', '미루다'라는 뜻이죠). 우리는 흔히 반대 뜻을 갖는 전치사를 쓰면 구동사 뜻도 반대가 될 거라고 생각하죠. 하지만 그런 생각이 구동사 공부를 방해합니다.

put on은 내 몸에 부착하고, 내 몸에 닿기 때문에 '입다', '착용하다'라는 뜻이 어울립니다. 반면, put off는 놓는 행위를 하면서 떨어뜨리는 것이어서 '벗다'로 쓰기에는 어색합니다. 그래서 '벗다'는 take off로 표현합니다. 내 몸에 붙어 있는 것을 take(가져가다) 하여 off(떨어뜨리는) 하기 때문에 take off가 어감이 훨씬 더 어울립니다.

Take off your coat.
코트를 벗으세요.

Should I **take off** my shoes?
신발을 벗어야 할까요?

I want to **take off** my makeup.
나 화장을 지우고 싶어.

앞에서 살펴봤듯이, '옷을 벗거나' '신발을 벗거나' '화장을 지우는' 등의 행위를 take off를 써서 나타낼 수 있지만, 대체할 다른 표현들도 알아 두면 좋겠죠. 생각해 보면 우리가 벗을 때 항상 손으로 잡아 떼면서 벗지는 않으니까요. 신발은 발을 차면서 벗기도 하고, 넥타이는 던지면서 벗어 버립니다. 더욱이 화장은 씻으면서 지우죠. 그러한 행동을 직접적으로 나타내는 영어 동사는 아래와 같습니다.

한국어	차면서		던지면서		씻으면서
영어	kick		throw		wash

주어진 동사 뒤에 off를 붙이면 '동사가 나타내는 행동을 하면서 벗는' 것을 나타낼 수 있습니다. 예문을 볼까요?

I kicked off my shoes.
나는 신발을 차서 벗었다.

I threw off my necktie.
나는 넥타이를 벗어 던졌다.

I washed off my makeup.
나는 화장을 (물로 닦아) 지웠다.

지금까지 off를 써서 '벗는' 행위를 다양하게 표현해 보았습니다. 오늘부터 옷과 신발을 벗고 화장을 지울 때 각 행동을 영어로 말하면서 off를 입에 붙이는 연습을 하는 건 어떨까요? off랑 더 빨리 친해질 수 있을 겁니다.

CHAPTER 3

OUT

- ☐ **drop out**
- ☐ **find out**
- ☐ **figure out**
- ☐ **run out**
- ☐ **burn out**
- ☐ **sort out**
- ☐ **turn out**
- ☐ **point out**
- ☐ **work out**
- ☐ **check out**
- ☐ **ask out**
- ☐ **go out**
- ☐ **make out**
- ☐ **come out**

'어떤 공간을 완전히 벗어나는' 속성 공간의 변화

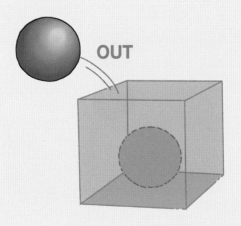

OUT

미니강의 03

out의 핵심은 '공간의 변화'입니다. **어떤 공간을 완전히 벗어나는 것이 out의 기본 속성이죠.** 그리고 여기에서 out의 다양한 속성이 생기게 됩니다.

첫 번째는 **바깥의** 속성입니다. come out, go out, move out, walk out 등 동작을 하면서 공간에 변화가 생긴다면 out을 쓸 수 있습니다. 예를 들어, 집안에 웅크리고 있는 친구에게 Come out!이라고 하면 그 친구에게 집 밖으로 나오라고 하는 거죠.

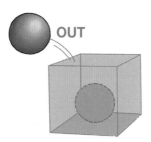

두 번째는 **사라지는** 속성입니다. 집에서 고양이랑 놀고 있는데, 갑자기 고양이가 문밖으로 뛰쳐나갔다고 가정해 보세요. 그러면 고양이를 볼 수 없게 됩니다. '밖으로 나가 버린' 변화가 공간에 생기면서 집 안에 있는 내 눈에서는 고양이가 사라지게 된 셈이죠.

burn out이 이러한 '사라지는' out의 속성을 잘 보여 주는 구동사입니다. 나의 에너지든, 숲이든, 뭐든 다 불타 없어지는 상태가 됨을 말합니다. 그래서 burn out은 '완전히 녹초가 되다'라는 뜻을 갖습니다. 주위에 I'm burned out!이라고 하소연하는 친구가 있다면 그 사람은 더 버틸 수 없을 만큼 힘든 상태인 거예요. 위로해 주고 그 친구의 이야기를 잘 들어 주길 바랍니다.

세 번째는 **보여지는** 속성입니다. 앞서 집 밖으로 뛰쳐나간 고양이를 때마침 길을 지나가는 사람이 봤습니다. 고양이가 집 안에 있었다면 못 봤겠지만, 집 밖으로 나왔기에 볼 수 있는 거죠. 즉, 공간에 변화가 생기면서 보이지 않던 것이 드러나게 된 것입니다. 이렇듯 out은 '보여지는' 속성까지 가지고 있어서 다양하고 유용하게 쓰입니다.

---

out의 세 가지 속성을 이해했다면 이제 out이 들어간 필수 구동사를 살펴볼까요?

033.mp3

drop out

① (학교를) 중퇴하다 ② (도중에) 그만두다

drop은 '떨어지다', '떨어뜨리다'라는 뜻을 가진 동사입니다. 비행기를 탔는데 도중에 비행기에서 내리면(떨어지면) 다시는 비행기를 탈 수 없습니다. 이처럼 '도중에 떨어지는' 이미지를 떠올리면 drop out이 '중퇴하다', '그만두다'의 뜻을 갖는 이유를 쉽게 이해할 수 있을 거예요. 참고로 drop out of school은 학교를 다니다가 도중에 떨어져 나오는, 즉 '중퇴하는' 것입니다. 반면, finish school은 학교 과정을 끝마치고서 '졸업하는' 것입니다.

 바로 가져가는 표현

- **I dropped out of university.**
  난 대학을 중퇴했어.

- **Do you want to drop out of this project?**
  너 이 프로젝트에서 빠지고 싶어?

- **Why did you drop out?**
  너 중간에 왜 관뒀어?

표현 써먹기

1 학교를 중퇴한 이야기를 할 때

A **I dropped out of university.**
난 대학을 중퇴했어.

B **What made you drop out?**
왜 중퇴하게 됐니?

2 일을 그만두고 싶은지 동료의 의중을 물을 때

A **Do you want to drop out of this project?**
너 이 프로젝트에서 빠지고 싶어?

B I don't know. Should I?
잘 모르겠어. 그래야 할까?

3 도중에 그만둔 이유를 물을 때

A **Why did you drop out?** You were doing well.
너 중간에 왜 관뒀어? 잘하고 있었잖아.

B That was not what I wanted.
그건 내가 원하는 일이 아니었어.

034.mp3

find out

① 찾다, 발견하다　② 알아내다

'찾다'라는 뜻의 동사 find 뒤에 out이 붙은 이 구동사는 out의 '보여지는' 속성을 생각하면 의미를 이해하기가 쉽습니다. 눈에 보이지 않던 무언가를 찾아서 보게 되는 것이죠. 그래서 몰랐던 사실이나 보지 못했던 무언가를 '발견했을(찾아냈을)' 때 많이 쓰고 '알아내다'라는 뜻으로도 쓰지요.

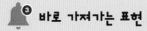
- **I want to find out what I want.**
  난 내가 원하는 게 무엇인지 찾고 싶어.

- **I found out he has a crush on me.**
  난 그가 나에게 반했다는 걸 알게 되었어.

- **How did you find out?**
  너 어떻게 알았어?

표현 써먹기

1 원하는 게 무엇인지 찾고 싶을 때

  A I want to **find out** what I want.
    난 내가 원하는 게 무엇인지 찾고 싶어.

  B I can help you. When do you feel happy?
    내가 도와줄 수 있어. 넌 언제 행복하다고 느끼니?

2 어떤 사실을 알게 되었다고 말할 때

  A I found out he has a crush on me.
    난 그가 나에게 반했다는 걸 알게 되었어.

  B Really? How about you?
    정말? 너는 어떤데?

3 상대가 어떻게 알았는지 물어볼 때

  A I know you have a crush on me.
    네가 나한테 반했다는 걸 알고 있어.

  B How did you **find out**? Is it obvious?
    어떻게 알았어? 티 나?

figure out

① (문제 등을) 풀다, 계산하다　② 이해하다　③ 알아내다, 알다

figure out에는 문제를 해결하려고 고민하는 노력이 담겨 있습니다. 그래서 '드디어', '도대체'의 뉘앙스를 그 뜻에 포함하고 있죠. 오랫동안 고민하던 해답을 드디어 찾게 되었을 때 I figured it out! 이라고 외쳐 보세요.

- **It's easy to figure out this math problem.**
  이 수학 문제를 푸는 것은 쉬워.

- **I can't figure out why it's not working.**
  난 대체 이게 왜 작동을 안 하는지 모르겠어(이해가 안 가).

- **I finally figured out how to fix it.**
  난 이걸 어떻게 해야 고칠 수 있는지 드디어 알아냈어.

표현 써먹기

1 문제 풀이가 쉽다고 말할 때

A It's easy to **figure out** this math problem.
이 수학 문제를 푸는 것은 쉬워.

B I don't think so.
아닌 것 같은데.

2 기계가 작동하지 않는 원인을 모르겠을 때

A I can't **figure out** why it's not working.
난 대체 이게 왜 작동을 안 하는지 모르겠어(이해가 안 가).

B Just call a service center.
그냥 서비스 센터에 전화해.

3 문제 해결 방법을 찾았을 때

A I finally **figured out** how to fix it.
난 이걸 어떻게 해야 고칠 수 있는지 드디어 알아냈어.

B What was the problem?
문제가 뭐였는데?

run out

① (시간, 돈, 물자 등이) 다 떨어지다, 없어지다
② (수명, 계약 등이) 다하다, 만료되다

out의 '사라지는' 속성을 생각하면 이 구동사를 이해하기가 쉽습니다. '우린 시간이 없어'를 영어로 표현할 때 We have no time.만큼이나 We're running out of time.도 많이 쓰는데, 이렇게 씀으로써 시간이 흘러 사라지는 듯한 촉박한 느낌을 생생히 전달할 수 있습니다. 참고로 저는 냉장고 문을 열고 재료가 얼마 남지 않은 것과 다 떨어진 것을 가리키며 run out을 익히는 연습을 했어요. 보통은 We ran out of money(우린 돈이 다 떨어졌어).처럼 'run out+of+소진되는 대상'으로 쓰는데, 소진되는 대상이 주어일 때는 run out 뒤에 'of+대상'을 붙이지 않아요. Time is running out(시간이 없어).처럼요.

- **We've run out of steak.**
  스테이크가 다 떨어졌습니다.
- **We're running out of time.**
  우린 시간이 없어.
- **My patience ran out.**
  내 참을성이 바닥났어.

표현 써먹기

1 식당에서 특정 음식 주문을 받을 수 없을 때

  A Can I get a steak burrito?
  스테이크 부리토를 주시겠어요?

  B I'm sorry, but we've **run out** of steak.
  죄송합니다만, 스테이크가 다 떨어졌습니다.

2 늦장 부리는 사람을 재촉할 때

  A Hurry up! We're **running out** of time.
  서둘러! 우린 시간이 없어.

  B Coming!
  가요 가!

3 상대에게 단호히 이별을 통보할 때

  A Can you give me one more chance?
  내게 한 번만 더 기회를 줄래?

  B My patience **ran out**. It's over.
  내 참을성이 바닥났어. 이젠 끝이야.

burn out

① 완전히 지치다, 에너지를 소진하다   ② 다 타 버리다

다 타고서 더 이상 탈(burn) 게 남지 않은 상황을 그려 보세요. '사라지는' 속성의 out과 짝지어지는 게 정말 잘 어울린다는 생각이 들지 않나요? 극도의 신체적, 정신적 피로를 뜻하는 '번아웃 (burnout) 증후군'과 연결하면 구동사 burn out을 쉽게 이해할 수 있습니다. You will burn yourself out(너 완전히 지쳐 버릴 거야).처럼 동사와 out 사이에 '사람을 지칭하는 대명사'가 오기도 합니다. 참고로 '지치다'라는 의미로 wear out도 자주 씁니다.

바로 가져가는 표현

· **I think I'm burned out.**
나 완전히 녹초가 된 것 같아.

· **You will burn yourself out.**
너 완전히 지쳐 버릴 거야.

· **It all burned out.**
다 타 버렸어.

표현 써먹기

1 완전히 지쳤다고 말할 때

A I think I'm **burned out.**
나 완전히 녹초가 된 것 같아.

B Stop working!
일 좀 그만해!

2 과로하는 사람에게 좀 쉬라고 충고할 때

A I love what I do. I don't need to rest.
난 내가 하고 있는 일이 좋아. 쉴 필요가 없다고.

B You'd better make time to rest, or you'll **burn yourself out.**
쉴 시간을 내는 게 좋을 걸. 안 그러면 완전히 지쳐 버릴 거야.

3 헤어진 애인의 사진을 태우고서

A It all **burned out.** 다 타 버렸어.

B Great. Let go of the past.
잘했어. 이제 과거는 놓아 주자.   * **let go of** (손에서) ~을 놓다

구동사 복습하기 주어진 구동사를 우리말 문장에 맞게 알맞은 형태로 쓰세요.

---

drop out

(학교를) 중퇴하다
(도중에) 그만두다

1 I _____ of university.

난 대학을 중퇴했어.

2 Do you want to _____ of this project?

너 이 프로젝트에서 빠지고 싶어?

3 Why did you _____ ?

너 중간에 왜 관뒀어?

---

find out

찾다, 발견하다
알아내다

4 I want to _____ what I want.

난 내가 원하는 게 무엇인지 찾고 싶어.

5 I _____ he has a crush on me.

난 그가 나에게 반했다는 걸 알게 되었어.

6 How did you _____ ?

너 어떻게 알았어?

---

figure out

(문제 등을) 풀다, 계산하다
이해하다
알아내다, 알다

7 It's easy to _____ this math problem. 이 수학 문제를 푸는 것은 쉬워.

8 I can't _____ why it's not working. 난 대체 이게 왜 작동을 안 하는지 모르겠어(이해가 안 가).

9 I finally how to fix it.

난 이걸 어떻게 해야 고칠 수 있는지 드디어 알아냈어.

---

run out

(시간, 돈, 물자 등이)
다 떨어지다, 없어지다
(수명, 계약 등이) 다하다,
만료되다

10 We've of steak.

스테이크가 다 떨어졌습니다.

11 We're of time.

우린 시간이 없어.

12 My patience .

내 참을성이 바닥났어.

---

burn out

완전히 지치다,
에너지를 소진하다
다 타 버리다

13 I think I'm .

나 완전히 녹초가 된 것 같아.

14 You will yourself .

너 완전히 지쳐 버릴 거야.

15 It all .

다 타 버렸어.

★구동사 복습하기의 영어 문장을 듣고 따라 말해 보세요.

038.mp3

구동사로 대화하기 다음 A, B 대화를 보고 빈칸의 문장을 알맞게 완성하세요.

1 A: _____? You were doing well.

넌 중간에 왜 그만뒀어? 잘하고 있었잖아.

B: **That was not what I wanted.**

그건 내가 원하는 일이 아니었어.

2 A: _____.

난 그가 나에게 반했다는 걸 알게 되었어.

B: **Really? How about you?**

정말? 너는 어떤데?

3 A: _____.

난 이걸 어떻게 해야 고칠 수 있는지 드디어 알아냈어.

B: **What was the problem?**

문제가 뭐였는데?

4 A: **Can you give me one more chance?**

내게 한 번만 더 기회를 줄래?

B: _____. It's over.

내 참을성이 바닥났어. 이젠 끝이야.

5 A: **It** _____.

다 타 버렸어.

B: **Great. Let go of the past.**

잘했어. 이제 과거는 놓아 주자.

039.mp3

★**구동사로 대화하기**의 대화를 듣고 따라 말해 보세요.

표현 확장하기 주어진 우리말 문장에 맞게 영어 문장을 써 보세요.

1 그는 고등학교를 자퇴했어.

                                                  .

2 넌 네가 원하는 것이 무엇인지 찾고 싶니? (want)

                                                  ?

3 난 이게 왜 작동을 안 하는지 알아냈어. (why, it)

                                                  .

4 우린 돈이 다 떨어졌어.

                                                  .

5 그들은 완전히 녹초가 된 것 같아. (think)

   I

                                                  .

6 이 문제를 푸는 것은 쉽지 않아. (problem)

                                                  .

7 너에겐 점점 시간이 없어지고 있어.

                                                  .

8 난 이 프로젝트에서 (도중에) 빠지고 싶지 않아.

                                                  .

★표현 확장하기의 영어 문장을 듣고 따라 말해 보세요.

040.mp3

sort out

① (완전히) 분류하다, 정리하다   ② 해결하다, 처리하다

sort에 '분류하다', '정리하다'라는 뜻이 있는데, out이 함께 쓰이면 분류가 끝나서 사라지는, 즉 '정리가 완료된' 것을 뜻하게 됩니다. 문제나 상황을 처리하여 '사라지게' 한다면요? 그건 문제 해결과 상황 정리를 의미하죠. 그래서 '해결하다', '처리하다'를 뜻하기도 합니다.

- **I'm going to sort out winter clothes.**
  난 겨울옷을 정리할 거야.

- **We will sort it out.**
  우리가 해결할(처리할) 거야.

- **Can you sort out the mess?**
  네가 이 엉망인 상황을 정리할 수 있을까?

표현 써먹기

1 옷을 정리하려고 마음먹고서

A I'm going to **sort out** winter clothes.
난 겨울옷을 정리할 거야.

B Maybe I can help you **sort out** the closet.
내가 옷장 정리하는 거 도와줄 수 있을 것 같아.

2 문제를 해결하겠다고 말할 때

A It's such a big problem.
이건 큰 문젠데.

B No worries. We will **sort** it **out**.
걱정하지 마. 우리가 해결할(처리할) 거야.

3 상황 정리를 요청할 때

A Can you **sort out** the mess?
네가 이 엉망인 상황을 정리할 수 있을까?

B I'm trying.
노력하고 있어.

turn out

① (어떤 방식으로) 되다 ② (~인 것으로) 밝혀지다, 드러나다

주먹 쥔 손을 위로 향하게 뒤집어 손바닥을 펴면 손에 쥐고 있던 것이 보입니다. 이렇듯 안 보이던 것이 뒤집혀 '드러나는' 것이 turn out의 기본 의미로, '결과'를 강조합니다. How did it turn out?은 결과가 어떻게 됐냐고 물어보는 것이죠. 결과가 꽤 괜찮았다면 이렇게 말해 보세요. It turned out great(아주 좋았어)!

- **How did it turn out?**
  그거 어떻게 됐어?

- **It turned out that he pretended to be rich.** 알고 보니 그 남자가 부자인 척했던 거였어(거로 밝혀졌어).

- **The movie turned out to be great.**
  그 영화 (생각 외로) 아주 좋았어.

 표현 써먹기

1 어떤 일의 결과가 궁금할 때

A You had a meeting. How did it **turn out**?
너 회의가 있었지. 어떻게 됐어?

B It **turned out** great. 아주 좋았어.

2 어떤 사실이 밝혀졌음을 말할 때

A Did you hear the news? It **turned out** that he pretended to be rich.
그 얘기 들었어? 알고 보니 그 남자가 부자인 척했던 거였어.

B I was so shocked. How could he do that?
나 진짜 충격 받았어. 어떻게 그럴 수 있었지?

3 기대하지 않았던 것이 괜찮았을 때

A I didn't expect it, but the movie **turned out** to be great. 난 기대하지 않았는데, 그 영화 아주 좋았어.

B That's what I'm saying. It was a good movie.
내 말이. 좋은 영화였어.

043.mp3

point out

① (알려 주려고) 말하다, 지적하다, 가리키다

point out을 이해하려면 이런 상황을 상상해 보세요. 친구와 마주 보고 이야기를 나누고 있는데 친구 옷에 큰 벌레가 붙어 있는 걸 봤습니다. 그런데 친구는 아직 그 사실을 모르네요. 벌레를 손가락으로 가리키면서 알려 주자 마침내 친구도 벌레를 봤고, 비명을 지르며 벌레를 쳐서 옷에서 떼어냅니다. 이게 point out입니다. '가리켜 주니' 몰랐던 게 보이고 알게 되는 거죠. point out을 '말하다'라는 뜻의 tell 대신 쓰기도 합니다. 상대에게 알리는 것도 말해 주는 것에 포함되니까요.

· **Can I point out one thing?**
내가 한 가지만 말해도 될까?

· **I just want to point out how cheap it is.**
전 그냥 이게 얼마나 싼 건지 말해 주고 싶은 거예요.

· **Can you point out spelling errors?**
맞춤법 틀린 게 있나 봐 줄래(지적해 줄래)?

표현 써먹기

1 **토론 중에 상대 의견의 허점을 지적하려고 할 때**

A For this reason, I don't agree with your opinion.
이러한 이유로 난 네 의견에 동의하지 않아.

B Can I **point out** one thing?
내가 한 가지만 말해도 될까?

2 **어떤 사항을 알려 주려고 할 때**

A You don't have to buy it. I just want to **point out** how cheap it is.
이거 안 사도 돼요. 전 그냥 이게 얼마나 싼 건지 말해 주고 싶은 거예요.

B Then I'll go with it.
그럼 그걸로 할게요.
★ **go with** 받아들이다

3 **맞춤법 등 틀린 점을 확인 받고 싶을 때**

A Can you **point out** spelling errors?
맞춤법 틀린 게 있나 봐 줄래?

B All right. Let me see. 좋아. 어디 보자.

work out

① 운동하다 ② 풀어내다, 해결하다 ③ 잘 풀리다

work out에는 '결과가 좋게 나타나다'라는 뉘앙스가 담겨 있습니다. 운동을 하면 몸이 좋아지는 결과가 보이고, 매달렸던 문제를 해결한다는 것은 좋은 결과가 나오는 것이며, 일이 잘 풀리는 것도 마찬가지로 결과가 좋은 것이죠. work out이 들어간 스티브 잡스의 다음 명언을 기억해 두면 낙담 되는 상황에 부딪혔을 때 힘을 얻을 수 있을 거예요. I decided to drop out and trust that it would all work out OK(난 학교를 중퇴하기로 결심했고 모든 일이 잘될 거라고 믿기로 했습니다).

③ 바로 가져가는 표현

- **I work out twice a week.**
  난 일주일에 두 번 운동해.

- **Can you work out this problem?**
  넌 이 문제를 해결할 수 있겠니?

- **It will all work out in the end.**
  결국에는 다 잘될 거야.

표현 써먹기

1 평소 운동을 얼마나 자주 하는지 이야기할 때

   A How many times do you **work out** a week?
   넌 일주일에 몇 번 운동해?

   B I **work out** twice a week.
   난 일주일에 두 번 운동해.

2 상대에게 문제 해결을 부탁할 때

   A Can you **work out** this problem?
   넌 이 문제를 해결할 수 있겠니?

   B You can count on me. I can **work** this **out**.
   나만 믿어. 내가 해결할 수 있어.   * **count on** 의지하다, 믿다

3 일이 잘 풀릴 거라고 응원할 때

   A I decided to quit my job. I'm so worried.
   나 일 그만두기로 했어. 너무 걱정돼.

   B It will all **work out** in the end. Don't worry.
   결국에는 다 잘될 거야. 걱정하지 마.

check out

① (호텔 등에서) 체크아웃 하다   ② 확인하다, 보다

호텔에서 퇴실하는 것을 '체크아웃 한다'고 합니다. 호텔을 나갈 때 프런트에 가서 키를 반납하고 비용을 계산하는 등 확인을 거친 (check) 다음 밖으로(out) 나가는 모습을 그려 보면 이해하기 쉽습니다. 그런데 호텔에서 나가는 것뿐 아니라 무엇을 '확인하거나 살펴보는' 것도 check out입니다. '이것 좀 봐 봐'라고 할 때 Look at this! 대신 Check this out!이라고 말하면 영어 원어민같이 자연스럽게 표현할 수 있습니다.

③ 바로 가져가는 표현

- **Excuse me. I'm here to check out.**
  실례합니다. 체크아웃 하려고요.

- **Please check out our website.**
  저희 홈페이지를 확인해 주세요.

- **Hey, check this out! They're getting married!** 야, 이거 좀 봐 봐! 걔네 결혼한대!

표현 써먹기

1 호텔에서 체크아웃 할 때

- A Excuse me. I'm here to **check out.**
  실례합니다. 체크아웃 하려고요.

- B Sure. Did you enjoy your stay?
  알겠습니다. 숙박은 만족스러우셨나요?

2 고객에게 홈페이지를 확인해 달라고 요청할 때

- A Where can I buy this product?
  이 제품은 어디서 살 수 있나요?

- B Please **check out** our website. The shipping is free.
  저희 홈페이지를 확인해 주세요. 배송비는 무료입니다.　　　 * shipping (charge) 배송료

3 소식이나 정보를 보라고 알려 줄 때

- A Hey, **check** this **out!** They're getting married!
  야, 이거 좀 봐 봐! 걔네 결혼한대!

- B I can't believe it.
  믿을 수가 없군.

구동사 복습하기 주어진 구동사를 우리말 문장에 맞게 알맞은 형태로 쓰세요.

---

sort out

(완전히) 분류하다,
정리하다
해결하다, 처리하다

1 I'm going to   winter

   clothes. 난 겨울옷을 정리할 거야.

2 We will   it   .

   우리가 해결할(처리할) 거야.

3 Can you   the mess?

   네가 이 엉망인 상황을 정리할 수 있을까?

---

turn out

(어떤 방식으로) 되다
(~인 것으로) 밝혀지다,
드러나다

4 How did it   ? 그거 어떻게 됐어?

5 It   that he pretended to

   be rich. 알고 보니 그 남자가 부자인 척했던 거였어(거로 밝혀졌어).

6 The movie   to be great.

   그 영화 (생각 외로) 아주 좋았어.

---

point out

(알려 주려고) 말하다,
지적하다, 가리키다

7 Can I   one thing?

   내가 한 가지만 말해도 될까?

8 I just want to   how cheap

   it is. 전 그냥 이게 얼마나 싼 건지 말해 주고 싶은 거예요.

9 Can you   spelling errors?

   맞춤법 틀린 게 있나 봐 줄래(지적해 줄래)?

---

work out

운동하다
풀어내다, 해결하다
잘 풀리다

10 I   twice a week.

난 일주일에 두 번 운동해.

11 Can you   this problem?

넌 이 문제를 해결할 수 있겠니?

12 It will all   in the end.

결국에는 다 잘될 거야.

---

check out

(호텔 등에서) 체크아웃
하다
확인하다, 보다

13 Excuse me. I'm here to   .

실례합니다. 체크아웃 하려고요.

14 Please   our website.

저희 홈페이지를 확인해 주세요.

**15 Hey,   this   ! They're
getting married!**

야, 이거 좀 봐 봐! 걔네 결혼한대!

★구동사 복습하기의 영어 문장을 듣고 따라 말해 보세요.

046.mp3

구동사로 대화하기 다음 A, B 대화를 보고 빈칸의 문장을 알맞게 완성하세요.

1   A: **Can**   **?**

             네가 이 엉망인 상황을 정리할 수 있을까?

             B: **I'm trying.**

             노력하고 있어.

2   A: **You had a meeting.**   **?**

             너 회의가 있었지. 어떻게 됐어?

             B: **It**   **.**

             아주 좋았어.

3   A: **For this reason, I don't agree with your opinion.**

             이러한 이유로 난 네 의견에 동의하지 않아.

             B: **?**

             내가 한 가지만 말해도 될까?

4   A: **I decided to quit my job. I'm so worried.**

             나 일 그만두기로 했어. 너무 걱정돼.

             B: **It**   **. Don't worry.**

             결국에는 다 잘될 거야. 걱정하지 마.

5   A: **Hey,**   **! They're getting married!**

             야, 이거 좀 봐! 걔네 결혼한대!

             B: **I can't believe it.**

             믿을 수가 없군.

★구동사로 대화하기의 대화를 듣고 따라 말해 보세요.

047.mp3

표현 확장하기 주어진 우리말 문장에 맞게 영어 문장을 써 보세요.

1 난 이번 주말에 여름옷을 정리할 거야. (be going to)

.

2 그녀는 공주인 척했던 것으로 밝혀졌다. (that)

.

3 난 그냥 이게 얼마나 비싼 건지 말해 주고 싶어. (how, it)

.

4 다 잘 풀렸어.

It

.

5 체크아웃 하러 오셨나요? (you, here)

?

6 내 생각엔 우리가 그 일을 처리할 수 있어. (it)

.

7 그녀는 (생각 외로) 친절했어.

.

8 나는 맞춤법 틀린 것을 몇 개 지적해 주었다. (some)

.

★**표현 확장하기의 영어 문장을 듣고 따라 말해 보세요.**

048.mp3

ask out

① 데이트를 신청하다

우리 둘이 함께라면 어디든 좋아! 그런 사람에게 밖으로(out) 가
자고 물어보는(ask) 것이므로 ask out은 '데이트를 신청하다'라는
뜻임을 알 수 있겠죠. 뒤에 'to+lunch/dinner/the movies' 등을 붙
여서 구체적으로 무엇을 하러 갈지를 나타내기도 합니다. 연애하고
싶은 사람이라면 꼭 알아야 할 표현이겠죠?

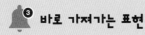

③ 바로 가져가는 표현

- **Just go and ask her out!**
  그냥 가서 그녀에게 데이트 신청해!
- **He asked me out to the movies.**
  그가 나한테 영화 보러 가자고 했어(데이트 신청했어).
- **I just want to ask you out to lunch.**
  난 너랑 점심 같이 먹고 싶어(점심 같이 먹자고 데이트 신청하는 거야).

 표현 써먹기

1 데이트를 신청하라고 용기를 북돋아 줄 때

A Just go and **ask** her **out**! Be brave!
그냥 가서 그녀에게 데이트 신청해! 용기를 내!

B I can't! What if she turns me down?
난 못 해! 그녀가 날 거절하면 어떡해?   ＊ turn down 거절하다

2 데이트 신청을 받았다는 사실을 말할 때

A You know what? He **asked** me **out** to the movies!
있잖아, 그가 나한테 영화 보러 가자고 했어!

B What!? He is your crush! That's really great!
뭐? 걔는 네 짝사랑이잖아! 진짜 잘됐다!   ＊ crush 홀딱 반한 상대, 짝사랑 상대

3 데이트를 신청할 때

A I just want to **ask** you **out** to lunch.
난 너랑 점심 같이 먹고 싶어.

B OK. I'm free on Saturday. How about you?
좋아. 난 토요일이 괜찮아. 너는 어때?

go out

① (무언가를 하러) 나가다, 외출하다
② 사귀다, 데이트하다 (with)

go out의 기본 뜻은 '밖으로 나가다'인데, 그냥 나가는 게 아니라 '무엇을 하려고' 나가는 경우가 많습니다. 또한 '사귀다', '데이트하다'라는 뜻도 있습니다. ask out 했는데 상대가 yes라고 답하면 둘은 go out 하게 됩니다. 그렇게 둘이 함께 외출하면서 로맨틱한 관계를 쌓게 되는 것이죠.

바로 가져가는 표현

- **Let's go out for a walk.**
  산책하러 가자.

- **Will you go out with me?**
  너 나랑 사귈래?

- **How long have you been going out?**
  너희 사귄 지 얼마나 됐어?

표현 써먹기

1 산책하러 나가자고 할 때

 A What a nice day!
    날씨 좋다!

 B Let's **go out** for a walk.
    산책하러 가자.

2 사귀자고 고백할 때

 A I really like you. Will you **go out** with me?
    난 네가 정말 좋아. 나랑 사귈래?

 B Can you give me some time to think about it?
    내게 생각할 시간을 좀 줄래?

3 연애 기간을 물어볼 때

 A I have a boyfriend.
    난 남자친구가 있어.

 B How long have you been **going out**?
    너희 사귄 지 얼마나 됐어?

051.mp3

make out

① 알아듣다, 알아보다 ② 이해하다, 파악하다 ③ 키스하다 (with)

보거나 들은 게 정리되면 머릿속에 관련된 상을 그리거나 내용을 명확히 파악할 수 있게 되죠. 그래서 make out에는 '알아듣다', '알아보다'라는 뜻 외에도 '이해하다'의 뜻이 있습니다. 그런데 make out 뒤에 'with+사람'을 붙이면 '누구와 뭘 해내다'라는 말이 되는데 여기서 해내는 것은 딴 게 아니라 진한 스킨십, 특히 '키스'입니다. 미드나 영화에서 종종 들리는 We made out.은 '우린 (진하게) 키스했어'라는 의미로, 영어 원어민이 kiss보다 더 자주 쓰는 '키스하다'라는 표현이니 꼭 기억해 두세요.

바로 가져가는 표현

- **I can't make it out.**
  못 알아듣겠어(못 알아보겠어).

- **Can you make out what she's saying?**
  넌 그녀가 말하는 게 이해가 돼?

- **Did you make out with him?**
  너 걔랑 키스했어?

 표현 써먹기

1 상대의 말을 알아들을 수 없을 때

A I can't **make** it **out**. Can you speak up, please?
못 알아듣겠어. 크게 말해 줄래?

B You know we're in a library, don't you?
너 우리가 도서관에 있는 건 알지?

2 이해가 가는지 물어볼 때

A Can you **make out** what she's saying?
넌 그녀가 말하는 게 이해가 돼?

B I'm trying.
노력 중이야.

3 스킨십 진도가 궁금할 때

A Did you **make out** with him?
너 걔랑 키스했어?

B Yes, I did.
응, 진하게 했지.

come out

① 출간되다, 생산되다
② (소식, 사실이) 드러나다, 밝혀지다
③ (입 밖으로) 말이 나오다

come out을 문자 그대로 해석하면 '바깥으로 나오는' 것입니다. 그래서 해가 나거나 꽃이 핀 것을 보고 come out 했다고 합니다. 책이나 영화, 제품도 come out 해야 사고 소비할 수 있죠. 또한 come out은 보이지 않던 게 드러나는 것이므로 turn out(드러나다)의 의미로 쓰기도 합니다. 성 소수자가 자신의 정체성을 드러내는 '커밍아웃(coming out)'이 come out에서 나온 말이죠. 그리고 말도 입 밖으로 나오죠? 말실수란 나도 모르게 해서는 안 될 말이 입 밖으로 튀어나오는 것인데, come out은 이 느낌을 아주 잘 살리는 표현입니다.

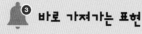
> · **When does your book come out?**
> 너 책 언제 나와(출간돼)?
>
> · **It came out that he lied to me.**
> 그가 나한테 거짓말한 거였어(거짓말한 거로 밝혀졌어).
>
> · **It just came out wrong.**
> 그냥 말이 잘못 나왔어.

표현 써먹기

1 책이 언제 출간되는지 물을 때

A When does your book **come out**?
네 책 언제 나와?

B It's supposed to **come out** this May.
올해 5월에 나오기로 되어 있어.   * **be supposed to** ~하기로 되어 있다

2 밝혀진 진실에 관한 이야기를 할 때

A It **came out** that he lied to me.
그가 나에게 거짓말한 거였어.

B Really? Did he make up everything?
정말? 그가 다 꾸며낸 거였어?   * **make up** 지어내다, 만들어 내다

3 말실수 했을 때

A What did you say?
너 뭐라고 했어?

B Forget it. It just **came out** wrong.
됐어. 그냥 말이 잘못 나왔어.

▶

구동사 복습하기 주어진 구동사를 우리말 문장에 맞게 알맞은 형태로 쓰세요.

---

ask out

데이트를 신청하다

1 Just go and   her   !

그냥 가서 그녀에게 데이트 신청해!

2 He   me   to the movies.

그가 나한테 영화 보러 가자고 했어(데이트 신청했어).

3 I just want to   you   to lunch.

난 너랑 점심 같이 먹고 싶어(점심 같이 먹자고 데이트 신청하는 거야).

---

go out

(무언가를 하러) 나가다, 외출하다
사귀다, 데이트하다 (with)

4 Let's   for a walk.

산책하러 가자.

5 Will you   with me?

너 나랑 사귈래?

6 How long have you been   ?

너희 사귄 지 얼마나 됐어?

---

make out

알아듣다, 알아보다
이해하다, 파악하다
키스하다 (with)

7 I can't   it   .

못 알아듣겠어(못 알아보겠어).

8 Can you   what she's saying?

넌 그녀가 말하는 게 이해가 돼?

9 Did you   with him?

너 걔랑 키스했어?

come out

출간되다, 생산되다
(소식, 사실이) 드러나다,
밝혀지다
(입 밖으로) 말이 나오다

10 When does your book   ?

너 책 언제 나와(출간돼)?

11 It   that he lied to me.

그가 나한테 거짓말한 거였어(거짓말한 거로 밝혀졌어).

12 It just   wrong.

그냥 말이 잘못 나왔어.

★구동사 복습하기의 **영어 문장을 듣고 따라 말해 보세요.**

053.mp3

구동사로 대화하기 다음 A, B 대화를 보고 빈칸의 문장을 알맞게 완성하세요.

1   A: **You know what?   !**

   있잖아, 그가 나한테 영화 보러 가자고 했어!

   B: **What!? He is your crush! That's really great!**

   뭐? 걔는 네 짝사랑이잖아! 진짜 잘됐다!

2   A: **I really like you.   ?**

   난 네가 정말 좋아. 나랑 사귈래?

   B: **Can you give me some time to think about it?**

   내게 생각할 시간을 좀 줄래?

3   A: **. Can you speak up, please?**

   못 알아듣겠어. 크게 말해 줄래?

   B: **You know we're in a library, don't you?**

   너 우리가 도서관에 있는 건 알지?

4   A: **It   .**

   그가 나에게 거짓말한 거였어(거짓말한 거로 밝혀졌어).

   B: **Really? Did he make up everything?**

   정말? 그가 다 꾸며낸 거였어?

5   A: **?**

   너 그와 키스했어?

   B: **Yes, I did.**

   응, 진하게 했지.

★**구동사로 대화하기**의 대화를 듣고 따라 말해 보세요.

054.mp3

표현 확장하기 주어진 우리말 문장에 맞게 영어 문장을 써 보세요.

1   난 그녀에게 점심 먹자고 데이트 신청했어.

                                                                        .

2   우린 사귄 지 200일 됐어. (for)

                                                                        .

3   난 그녀가 말하는 게 이해가 안 돼. (what)

                                                                        .

4   내 책이 드디어 나왔어.

                                                                        .

5   난 너랑 사귀고 싶지 않아.

                                                                        .

6   난 그랑 키스하지 않았어.

                                                                        .

7   그가 부자가 아니란 게 밝혀졌어.

                                                                        .

8   난 그에게 영화 보러 가자고 데이트 신청하고 싶어. (the movies)

                                                                        .

★표현 확장하기의 영어 문장을 듣고 따라 말해 보세요.

055.mp3

find out과 figure out의 차이

이 둘은 종종 비슷한 뜻으로 쓰입니다. 그러나 강조하는 게 달라요. find out은 '결과(대상)', figure out은 '과정'에 집중합니다. 앞에서 figure out에는 <u>문제를 해결하려고 고민하는 노력이 담겨 있다</u>고 했습니다. 그래서 "유레카!"를 I found it out!이 아니라 I figured it out!이라고 외치는 것이죠.

> Did you **find out** what the test result is?
> 너 시험 결과가 어떤지는 알아냈어?

> Did you **figure out** how to get the result?
> 너 그 결과에 어떻게 도달할지는 알아냈어?

따라서 find out은 what과 잘 쓰이고 figure out은 why와 자주 어울려 쓰입니다.

> I **found out** **what** my mother wants for her birthday.
> 난 엄마가 생일 선물로 뭘 원하시는지 알았어.

> I **figured out** **why** my mother wants the gift for her birthday.
> 난 엄마가 생일 선물로 왜 그걸 원하시는지 알았어.

> I **found out** **that** he lied to me.
> 나는 그가 나한테 거짓말한 걸 알았어.

> I **figured out** **why** it broke down.
> 이게 왜 고장 났는지 알았어.

find out이나 figure out은 미드나 영화에도 정말 많이 나오는 표현들입니다. 차이를 익혀서 꼭 내 것으로 만들길 바랍니다.

멘붕이 왔다! **freak out**

"나 완전 멘붕이야!"

우리가 입에 달고 사는 표현 중 하나인데요, 이걸 영어로는 뭐라고 할까요? 바로 알아보겠습니다.

I'm so **freaked out!**
나 완전 멘붕이야(너무 당황스러워)!

미드나 영화에서 자주 접한 표현일 겁니다. freak은 동사로 '기겁하게 만들다'라는 뜻이 있는데요, freak out은 두려움과 걱정이 남들 눈에 보일 정도로 드러나서 '흥분하거나 기겁하고(당황하고)' 있음을 보여 주는 표현입니다. 이 표현을 말할 때는 하나같이 눈이 동그래지고 안절부절못하는 모습을 보이죠. 그래서 보통은 안 좋은 방향으로 굉장히 놀라거나 두렵거나 무서울 때 이 표현을 씁니다. 그런데 때로는 진짜 신났을 때 쓸 수도 있습니다.

> **The news freaked me out.** 그 뉴스는 날 기겁하게 했어.

> **Don't freak out.** 당황하지 마.

참고로, I'm freaked out. 말고 I'm freaking out.으로 -ing 형태로 쓰기도 하는데, 이 둘은 뜻 차이가 없다고 보면 됩니다.

너무 놀랍고, 당황스러운 일이 생겼을 때 잊지 말고 이 표현을 써 보세요. 물론, 그런 일이 자주 일어나기를 바라진 않습니다!

CHAPTER 4

IN

- ☐ **jump in**
- ☐ **believe in**
- ☐ **pop in**
- ☐ **cut in**
- ☐ **take in**
- ☐ **fill in**

'〜안에'의 속성 경계 또는 면에 둘러싸인 곳 안

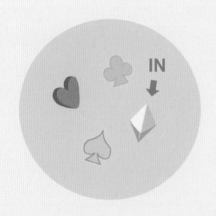

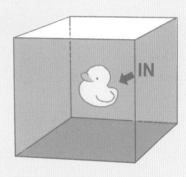

IN

in의 본질적인 속성은 그 뜻과 동일하게 ~안에입니다. 이것은 2차원일 수도 있고, 3차원일 수도 있어요. '경계가 정해진 곳 안에' 또는 '면에 둘러싸인 곳 안에' 있을 때 in을 씁니다.

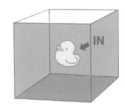

예를 들어, '나는 학교 운동장에 있다'를 영어로 어떻게 말할까요? 주변이 벽으로 둘러싸여 있지 않더라도 '학교 운동장'이라는 경계가 정해진 공간 안에 속해 있으므로 in을 씁니다. 도시나 나라도 in을 쓰죠.

- **I'm in a schoolyard.**
  나는 학교 운동장에 있다. 〈'학교'라는 공간 안에 있다〉

- **I'm in Korea.**
  나는 한국에 있다. 〈'한국'이라는 나라 안에 있다〉

- **I'm in Seoul.**
  나는 서울에 있다. 〈'서울'이라는 도시 안에 있다〉

또한 3차원 공간뿐만 아니라 2차원 면에도 in을 씁니다. 스티브 잡스가 이런 말을 한 적이 있습니다.

- **Sometimes life is going to hit you in the head with a brick.** 때론 삶이 벽돌로 당신의 머리를 칠 겁니다.

이때의 in the head를 '머리 안에'로 해석하면 이상하죠. 여기서는 '머리의 면'을 의미한다고 봐야 합니다.

Are you in or out? 참가할 거야, 말 거야?

미드나 영화에서 Are you in or out?이나 I'm in.과 I'm out.이라는 표현을 들어본 적 있을 겁니다. 영어 원어민이 정말 자주 쓰는 표현인데, 이 표현의 뜻을 제대로 알고 있나요? 아래 대화를 보고 확인해 봅시다.

A **We have a staff party tonight. Do you want to come?** 오늘 밤에 회식이 있어. 너도 올래?

B **I'm in.** 콜.

A **Good. How about you?** 좋아. 넌 어때?

C **I'm out. I have things to do.** 난 빠질래. 할 일이 있거든.

in과 out의 속성을 생각하면 I'm in.과 I'm out.의 의미를 쉽게 이해할 수 있을 겁니다. I'm in.의 경우, A의 제안 '안에' 들어가는 것이므로 **제안을 승낙**하는 거로 볼 수 있죠. 그래서 I'm in.은 우리가 흔히 쓰는 "콜!"과 비슷한 표현입니다. 반면에, I'm out.은 제안 '밖으로' 나가는 것이므로 **거절**을 뜻하는 것임을 알 수 있습니다.

A **Why don't we go jogging this Saturday?**
이번 토요일에 조깅하러 가는 거 어때?

B **Sounds good. I'm in.**
좋아. 콜.

A **Who wants to have pizza for lunch?**
점심에 피자 먹을 사람?

B **I'm out. I'm on a diet.**
난 빠질래. 다이어트 중이야.

차이를 알겠죠? 굉장히 쉬운 표현들이므로 몇 번만 연습하면 입에 금방 붙을 겁니다. 앞으로는 어떤 제안을 받았을 때 I'm in.과 I'm out.을 써서 능숙하게 의사 표현을 해 보세요.

jump in

① (말하는 도중) 끼어들다 ② (덜컥) 시작하다

'점프하다', '뛰어들다'라는 뜻의 jump와 '~안에'를 의미하는 in 의 조합인 jump in은 '대화가 진행 중인데 불쑥 끼어드는' 것을 나 타냅니다. 또한 사전 조사나 준비 없이 어떤 일을 '덜컥 시작하는' 것 을 나타낼 때도 씁니다. 여기에는 어떤 모임이나 행사에 갑작스럽게 참여하는 등의 일이 포함됩니다.

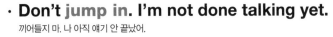

❸ 바로 가져가는 표현

> · **Don't jump in. I'm not done talking yet.**
> 끼어들지 마. 나 아직 얘기 안 끝났어.
>
> · **Many people jump in on the stock market these days.**
> 요즘 많은 사람이 주식 시장에 뛰어들고(주식 거래를 시작하고) 있어.
>
> · **Do you want to jump in?** 너도 낄래(함께할래)?

🔵 표현 써먹기

1 대화 중에 불쑥 말을 끊는 친구에게

   A I don't think that's a good idea.
      그건 좋은 생각이 아닌 것 같아.

   B Don't **jump in**. I'm not done talking yet.
      끼어들지 마. 나 아직 얘기 안 끝났어.

2 어떤 일을 덜컥 시작한 상황을 말할 때

   A Many people **jump in** on the stock market these days. 요즘 많은 사람이 주식 시장에 뛰어들고 있어.

   B Actually, I **jumped in** too.
      사실, 나도 시작했어.

3 친구에게 어떤 일에 참여를 권할 때

   A We're preparing for the event. Do you want to **jump in**? 우리는 그 행사를 준비하고 있어. 너도 낄래?

   B Sure. What should I do? 좋지. 내가 뭘 하면 될까?

057.mp3

believe in

① (보이지 않는 존재를) 믿다 ② (능력이나 인품을) 믿다

god(신), ghost(귀신), alien(외계인)처럼 눈에 보이지 않는 존재를 '믿는다'고 할 때 believe in을 씁니다. 그런데 사람을 believe in 한다고 하면 이것은 그 사람이 어떤 일을 해낼 능력이 있다고 '믿거나' 그 사람의 인품을 '믿고 신뢰한다'는 이야기가 됩니다. 그래서 동기부여 연사들은 이 말을 입에 달고 살죠. You must believe in yourself(여러분 자신을 믿어야 합니다)!

바로 가져가는 표현

- **Do you believe in God?**
  신을 믿나요?

- **I believe in fate.**
  난 운명을 믿어.

- **You should believe in yourself.**
  넌 너 자신을 믿어야 해(네가 해낼 수 있을 거라고 믿어야 해).

 표현 써먹기

1 신이 있다고 생각하는지 물을 때

  A Do you **believe in** God?
  당신은 신을 믿나요?

  B Yes, I'm a Christian.
  네, 전 기독교인이에요.

2 운명에 관해 이야기할 때

  A Do you **believe in** fate?
  당신은 운명을 믿나요?

  B Fifty-fifty. I **believe in** fate, but I also **believe in** myself. 반반이요. 운명을 믿지만 나 자신도 믿어요.

3 상대에 대한 믿음을 표현할 때

  A I can't make it.
  난 해내지 못할 것 같아.

  B I **believe in** you. You should **believe in** yourself.
  난 널 믿어(난 네가 해낼 것이라고 믿어). 너도 너 자신을 믿어야 해.

pop in

① (약속 없이) 잠깐 들르다

pop은 '펑 터지는' 것입니다. 순간의 느낌이 강하죠. 그래서 pop in은 방문하는(visit) 것이지만 그곳에 오래 머무르지는 않습니다. 보통은 약속을 잡지 않고 잠깐 들를 때 pop in 한다고 해요. pop in 대신에 drop in을 써도 됩니다.

❸ 바로 가져가는 표현

- **Can we just pop in the store?**
  우리 그 상점에 잠깐 들를까?

- **I just popped in to see you.**
  난 잠깐 너 보러 들렀어.

- **Feel free to pop in!**
  맘 편하게 들러!

◯ 표현 써먹기

1 사야 할 게 있을 때

   A Can we just **pop in** the store?
      우리 그 상점에 잠깐 들를까?

   B Do you have something to buy?
      뭐 사야 할 거 있어?

2 갑자기 들른 이유를 설명할 때

   A Young! What's up?
      영! 무슨 일이야?

   B I just **popped in** to see you.
      잠깐 너 보러 들렀어.

3 친구를 집에 초대하고 싶을 때

   A When you come to my neighborhood, feel free to
      pop in. 우리 동네에 오면 맘 편하게 (우리 집에) 들러.

   B I will.
      그렇게.

cut in

① (대화에) 끼어들다   ② 새치기하다 (line)   ③ (차가) 갑자기 끼어들다

cut in은 이어져 있는 어떤 것의 중간을 끊고(자르고) 들어가는 것이기에 '끼어들다'라는 뜻으로 쓰입니다. 대화 도중에 끊고 들어가면 대화에 끼어드는 것이고, 줄 서 있는 곳을 끊고 들어가면 새치기가 됩니다. 운전할 때 '차가 끼어드는' 것도 cut in이라고 합니다.

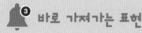

· **May I cut in?**
제가 (대화에) 끼어도 될까요?

· **Excuse me. You just cut in line.**
저기요. 방금 새치기하셨어요.

· **The car cut in right in front of us.**
저 차가 우리 바로 앞에 갑자기 끼어들었어.

 표현 써먹기

1 대화 도중에 끼고 싶을 때

A May I **cut in**? 제가 끼어도 될까요?

B If you must. 꼭 그래야만 한다면요.

2 누가 새치기했을 때

A Excuse me. You just **cut in** line.
저기요. 방금 새치기하셨어요.

B Oops, I'm sorry. I didn't know it was a line.
아, 미안해요. 줄인지 몰랐어요.

3 갑자기 차가 끼어든 상황을 말할 때

A Why did you slow down suddenly?
너 왜 갑자기 속도를 줄였어?

B The car **cut in** right in front of us. I almost ran into
the car.
저 차가 우리 바로 앞에 갑자기 끼어들었어. 저 차를 거의 박을 뻔했어.　　★ run into ~와 충돌하다

take in

① (상황이나 정보를) 받아들이다, 이해하다   ② (집에) 들이다

take in은 특정 경계 안에 무언가를 '들이는' 것입니다. 그래서 '섭취하다', '눈여겨보다'라는 뜻으로 쓰입니다. 배 속에 음식을 넣고, 눈이라는 경계 속에 풍경을 넣는 것이죠. 마찬가지의 이유로 상황을 '받아들이는' 것 또한 take in이라고 합니다. 특히 충격적인 소식을 들었을 때 It's a lot to take in.이라는 표현을 많이 쓰는데요, 이것은 내가 생각하는 범위, 또는 내가 감당할 수 있는 범위보다 받아들일 게 너무 많거나 크다는 것을 나타내는 표현입니다.

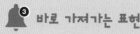
· **I know it's a lot to take in.**
받아들이기 힘들 거라는 거 알아.

· **You don't have to take everything in.**
네가 모든 걸 받아들일(이해할) 필요는 없어.

· **I took in this puppy.**
내가 이 강아지를 데려왔어.

표현 써먹기

1 충격적인 소식을 전할 때

A Is it true? I can't believe it!
사실이야? 난 믿기지가 않아!

B I know it's a lot to **take in**.
받아들이기 힘들 거라는 거 알아.

2 부당한 대우를 참지 말라고 충고할 때

A You don't have to **take** everything **in**.
네가 모든 걸 받아들일 필요는 없어.

B You're right. I can't stand it anymore.
네 말이 맞아. 나도 더 이상은 못 참겠어.

3 길에서 주운 강아지를 데려왔을 때

A Why is this puppy in our house?
이 강아지가 왜 우리 집에 있어?

B It's an abandoned puppy. So I **took in** this puppy.
얘는 유기견이야. 그래서 내가 이 강아지를 데려왔어.

061.mp3

fill in

① (문서나 서류를) 채우다, 기입하다, 작성하다
② (누구를) 대신하다, (대신 잠깐) 일을 봐주다

fill in은 '비어 있는 공간을 채우는' 것입니다. 그래서 '작성하다', '기입하다'의 뜻을 갖죠. 또한 일해야 하는 누군가의 자리가 비어서 그 자리를 채워 '대신 일하는' 것도 fill in입니다.

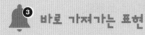

- **Fill in the blanks, please.**
  빈칸을 채워 주세요.

- **Should I fill in my phone number?**
  제 전화번호를 기입해야 할까요?

- **I'll fill in for you.**
  내가 (네 일을) 대신 봐줄게.

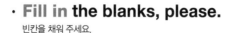 표현 써먹기

1 서류 작성을 요청할 때

A It's our form. **Fill in** the blanks, please.
이게 저희 양식입니다. 빈칸을 채워 주세요.

B Thanks.
감사합니다.

2 어떤 항목을 기입해야 하는지 확인할 때

A Should I **fill in** my phone number?
제 전화번호를 기입해야 할까요?

B Yes, please.
네, 그래 주세요.

3 업무를 대신 봐달라는 부탁을 받았을 때

A Can you **fill in** for me for a moment?
내 일 좀 잠깐 대신해 줄 수 있어?

B No problem. I'll **fill in** for you.
문제 없어. 내가 대신 봐줄게.

▶

구동사 복습하기 주어진 구동사를 우리말 문장에 맞게 알맞은 형태로 쓰세요.

---

jump in

(말하는 도중) 끼어들다
(덜컥) 시작하다

1 Don't _____ . I'm not done

   talking yet. 끼어들지 마. 나 아직 얘기 안 끝났어.

2 **Many people** _____ **on the**

   stock market these days.

   요즘 많은 사람이 주식 시장에 뛰어들고 있어.

3 **Do you want to** _____ ?

   너도 낄래(함께할래)?

---

believe in

(보이지 않는 존재를) 믿다
(능력이나 인품을) 믿다

4 **Do you** _____ **God?**

   신을 믿나요?

5 **I** _____ **fate.** 난 운명을 믿어.

6 **You should** _____ **yourself.**

   넌 너 자신을 믿어야 해(네가 해낼 수 있을 거라고 믿어야 해).

---

pop in

(약속 없이) 잠깐 들르다

7 **Can we just** _____ **the store?**

   우리 그 상점에 잠깐 들를까?

8 **I just** _____ **to see you.**

   난 잠깐 너 보러 들렀어.

9 **Feel free to** _____ !

   맘 편하게 들러!

---

cut in

(대화에) 끼어들다
새치기하다 (line)
(차가) 갑자기 끼어들다

10 May I _____? 제가 (대화에) 끼어도 될까요?

11 Excuse me. You just _____ line. 저기요. 방금 새치기하셨어요.

12 The car _____ right in front of us. 저 차가 우리 바로 앞에 갑자기 끼어들었어.

---

take in

(상황이나 정보를) 받아들이다, 이해하다
(집에) 들이다

13 I know it's a lot to _____. 받아들이기 힘들 거라는 거 알아.

14 You don't have to _____ everything _____. 네가 모든 걸 받아들일(이해할) 필요는 없어.

15 I _____ this puppy. 내가 이 강아지를 데려왔어.

---

fill in

(문서나 서류를) 채우다, 기입하다, 작성하다
(누구를) 대신하다, (대신 잠깐) 일을 봐주다

16 _____ the blanks, please. 빈칸을 채워 주세요.

17 Should I _____ my phone number? 제 전화번호를 기입해야 할까요?

18 I'll _____ for you. 내가 (네 일을) 대신 봐줄게.

★구동사 복습하기의 영어 문장을 듣고 따라 말해 보세요.

062.mp3

구동사로 대화하기 다음 A, B 대화를 보고 빈칸의 문장을 알맞게 완성하세요.

1   A: **I don't think that's a good idea.** 그건 좋은 생각이 아닌 것 같아.

    B: _____. **I'm not done talking yet.**

    끼어들지 마. 나 아직 얘기 안 끝났어.

2   A: **I can't make it.** 난 해내지 못할 것 같아.

    B: **I** _____ **you. You should** _____

              • 난 널 믿어. 너도 너 자신을 믿어야 해.

3   A: **When you come to my neighborhood,** _____

              • 우리 동네에 오면 맘 편하게 (우리 집에) 들러.

    B: **I will.** 그렇게.

4   A: _____?

    제가 끼어도 될까요?

    B: **If you must.** 꼭 그래야만 한다면요.

5   A: _____.

    네가 모든 걸 받아들일 필요는 없어.

    B: **You're right. I can't stand it anymore.**

    네 말이 맞아. 나도 더 이상은 못 참겠어.

6   A: _____?

    제 전화번호를 기입해야 할까요?

    B: **Yes, please.** 네, 그래 주세요.

★구동사로 대화하기의 대화를 듣고 따라 말해 보세요.

063.mp3

표현 확장하기 주어진 우리말 문장에 맞게 영어 문장을 써 보세요.

1   우리 부모님은 주식 시장에 뛰어들었다. (on)

    .

2   난 귀신은 안 믿어도 신은 믿어. (ghosts)

    I don't

    .

3   그가 잠깐 나를 보려고 들렀어.

    .

4   버스 한 대가 갑자기 우리 바로 앞에 끼어들었어.

    .

5   받아들이기 어렵지 않아. (it)

    .

6   빈칸 다 채웠습니다.

    I

    .

7   나도 토론에 끼고 싶어. (discussion)

    .

8   난 어제 이 새끼 고양이를 데리고 왔어. (kitten)

    .

★**표현 확장하기**의 영어 문장을 듣고 따라 말해 보세요.

064.mp3

fill in vs. fill out

fill in과 fill out은 어떻게 다를까요?

> Fill in the form. | Fill out the form.

결론부터 말씀 드리면 두 표현의 뜻은 '같습니다'. 사전을 찾아보면 fill in이나 fill out이나 '~을 작성하다'의 뜻이 있음을 알 수 있습니다. 그런데 in과 out은 반대되는 전치사인데, 왜 두 구동사를 똑같은 뜻으로 쓰는지 궁금하지 않나요?

fill in은 정확하게 말하면 '빈칸(2차원 면)을 채우다'입니다. 그런데 이 빈칸을 채우다 보면 결국엔 양식(form) 전체를 다 채우게 되겠죠.

> **Fill in** the blank.
> 빈칸을 채우세요.

> **Fill in** your name and number.
> 귀하의 이름과 번호를 쓰세요.

그렇다면 fill out은 무엇일까요? 군데군데 비어 있는 공간들을 '보이게' 채우라는 것입니다. out에는 보이지 않던 것이 '보이는' 속성이 있습니다. 따라서 fill in 하다 보면 결국 fill out 하게 되는 것이죠.

> **Fill out** the form.
> 양식을 작성하세요.

> **Fill out** the application.
> 지원서를 작성하세요.

이제 왜 fill in과 fill out이 둘 다 '작성하다'라는 뜻으로 쓰이는지 알겠죠? fill in이 더 좁은 개념(빈칸)이라면 fill out은 더 큰 개념(양식 전체)이라고 봐도 좋겠네요. 이렇게 보니까 in과 out이 또 새롭게 느껴지지 않나요?

'끼어들다'에는 **butt in**도 있다!
: '(대화 중에) 끼어들다', '(상관없는 일에) 참견하다'

butt이라는 단어를 아나요? '머리로 들이박다'라는 뜻을 가진 단어인데, 속어로 '엉덩이'라는 뜻도 있습니다. butt in을 머리로 들이받는 모습이나 엉덩이를 들이 미는 모습과 연결해 보면 '끼어들다'의 의미를 갖는 이유를 알 수 있을 거예요.

생각만 해도 굉장히 무례하게 느껴지죠? 그래서 butt in은 불쾌감을 드러내는 표현입니다. '오지랖을 떨다'라는 한국어와 비슷한 표현이라고 할까요? 그럼 이제 예문을 보겠습니다.

> Stop **butting in**.
> 그만 좀 끼어들어.

> Why do you keep **butting in**?
> 왜 자꾸 끼어드는(참견하는) 거야?

> People like to **butt in** on others' conversation.
> 사람들은 남의 대화에 참견하는(끼는) 걸 좋아한다.

앞으로는 내가 한참 잘 얘기하고 있는데 자꾸 눈치 없이 끼어드는 친구가 있다면 이렇게 말해 보세요.

> Stop **butting in**! I'm still talking!
> 그만 끼어들어! 나 아직 말하고 있잖아!

CHAPTER 5

UP

- ☐ **keep up**
- ☐ **catch up**
- ☐ **come up**
- ☐ **break up**
- ☐ **make up**
- ☐ **check up**
- ☐ **show up**
- ☐ **warm up**
- ☐ **end up**
- ☐ **look up**
- ☐ **wrap up**

'위에/위로'의 속성 솟아오르며 끝을 향해 감

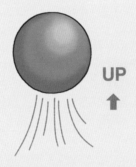

UP

미니강의 05

유용해도 정말 유용하다 싶은 영어 단어 중 하나가 up입니다. up을 못 쓰게 하면 영어 원어민은 일상 대화를 제대로 할 수 있을까 싶을 정도이죠. up의 기본 속성은 **위에/위로**입니다. 하지만 이것과 연관된 두 가지 다른 속성도 있습니다. 그 두 가지 속성을 지금부터 알아보겠습니다.

첫 번째로는 기준점에 **가까워지는** 속성입니다. 여러분이 부둣가에 서 있고 저 멀리에 배가 보이는 상황을 상상해 보세요. 처음에 그 배는 손톱만큼 작게 보입니다. 그런데 시간이 지나자 배가 항구에 다가오네요. 그랬더니 배 크기가 점점 커지는 게 보입니다. 항구에 도착하자 엄청난 크기를 확인할 수 있네요. 이처럼 어떤 기준점을 향해 위로 오르는 모습에서 '가까워지는' 속성을 갖게 되었습니다.

- **He came up to me.**
  그가 내게 (가까이) 다가왔어.

- **A puppy ran up to me.**
  한 강아지가 나에게 (가까이) 달려왔다.

위 예문에서 up이 빠져도 상관없지만, up을 넣음으로써 '가까이 다가오는(다가가는)' 이미지까지 정확히 그려낼 수 있게 된 것입니다.

두 번째로는 **완료하는** 속성이 있습니다. 산 정상에 오르면 등산은 끝납니다. 한국어로도 최종 우승한 팀을 가리켜 '정상에 섰다'라고 하죠? 이처럼 위로 오르는 것은 **어떤 행위를 끝내고 도달함**도 의미합니다.

- **I ate pizza.**
  나는 피자를 먹었다. 〈피자가 남았는지 한 입만 먹었는지 모름〉

- **I ate up all the pizza.**
  나는 그 피자를 싹 다 먹었다. 〈피자는 남아 있지 않음〉

그래서 원어민은 '청소하다'도 clean과 clean up을 둘 다 많이 씁니다. clean up을 쓰면 먼지 한점 보이지 않을 만큼 깨끗하게 청소하라고 강조하는 것이죠. 자, 오늘 내 방을 clean up 해 보는 건 어떨까요?

keep up

① (일정 수준으로) 계속하다, 유지하다
② (비슷한 수준으로) 맞추다, 따라가다 (with)

　　운동선수를 지도하는 코치들이 입버릇처럼 하는 말이 keep up 일 거예요. 일정 수준 위로(up) 계속 맞추기 위해 무언가를 지속하는(keep) 것, 그게 keep up입니다. 뒤에 'with+대상'을 쓰면 그 대상과 발맞춰가는 것, 즉 '따라가는' 것을 뜻합니다. 영어 공부가 어렵다고요? Just keep it up! You're doing well(그냥 계속하세요! 잘하고 있어요)!

❸ 바로 가져가는 표현

· **You're doing well. Keep up the good work!** 잘하고 있군요. 그대로만 계속하세요!

· **Let's keep up this pace.**
이 페이스를 유지하자.

· **I can't keep up with you.**
너를 따라갈 수가 없어.

🔘 표현 써먹기

1 상사가 부하 직원을 격려할 때

A The project is going well.
그 프로젝트는 잘 진행되고 있습니다.

B You're doing well. **Keep up** the good work!
잘하고 있군요. 그대로만 계속하세요!

2 같이 운동할 때

A OK, let's **keep up** this pace!
좋아, 이 페이스를 유지하자!

B I can't! I'm out of breath.
난 못 해! 숨 차 죽겠어.　　　　　　　　　　　　　＊ out of breath 숨이 찬

3 상대방의 말이 너무 빠를 때

A Can you speak a little slowly? I can't **keep up** with you. 말을 조금 천천히 해 줄래? 네 말을 따라갈 수가 없어.

B No problem.
그럴게.

066.mp3

catch up

① (먼저 간 사람을) 따라잡다 (with)
② (뒤처진 것을) 만회하다 (on/with)

catch up과 keep up은 둘 다 따라가거나 따라잡는 것이지만, keep up은 동일선상에 있으면서 뒤처지지 않으려는 것이고, catch up은 뒤처져 있기에 따라잡으려고(만회하려고) 하는 것입니다. 그렇기에 둘 다 무언가를 '계속하는' 의미가 포함되어 있습니다.

③ 바로 가져가는 표현

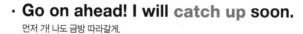
· **Go on ahead! I will catch up soon.**
먼저 개! 나도 금방 따라갈게.

· **I have a lot of work to catch up on.**
난 해야 할(만회할) 일이 너무 많아.

· **Can I catch up with other people?**
내가 다른 사람들을 따라잡을 수 있을까?

표현 써먹기

1 금방 뒤따라가겠다고 할 때

　A　Let's head out! 출발하자!

　B　Go on ahead! I will **catch up** soon.
　　　먼저 개! 나도 금방 따라갈게.　　　　　　　　＊**head out** 출발하다, ~로 향하다

2 할 일이 많다는 핑계를 댈 때

　A　Are you on your way? 너 오고 있어?

　B　I'm still at work. I have a lot of work to **catch up**
　　　on. 아직 회사야. 나 해야 할 일이 너무 많아.

3 어떤 일을 따라잡을 수 있을지 걱정될 때

　A　It looks too late. Can I **catch up** with other people?
　　　너무 늦은 것 같아. 내가 다른 사람들을 따라잡을 수 있을까?

　B　You don't have to **catch up** with them. Just keep
　　　up your pace.
　　　다른 사람들을 따라잡을 필요 없어. 네 페이스만 유지해.

067.mp3

come up

① (예상치 못한 일이) 발생하다, 생기다

② (생각, 아이디어가) 떠오르다 (with)

바닷속 깊이 있던 것이 수면 위로 떠오르면 보이게 되겠죠? 이렇듯 일이 떠오르면 일이 '발생한' 것이고, 아이디어가 떠오르면 아이디어가 '생각난' 것입니다. '방금 일이 생겨서 가 봐야겠다'라는 의미인 Something just came up. I've got to go.는 특히 자주 쓰이는 표현이니 꼭 외워 두세요.

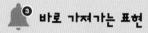
· **Something just** come up. **I've got to go.**
방금 무슨 일이 생겼어. 가 봐야겠다.

· **Something has** come up, **so I can't make it today.** 일이 생겨서 나 오늘 못 가.

· **I've** come up **with a great idea.**
나 괜찮은 아이디어가 떠올랐어.

표현 써먹기

1 먼저 가야 할 일이 생겼을 때

A Something just **came up**. I've got to go.
방금 무슨 일이 생겼어. 가 봐야겠다.

B Alright. I'll call you later.
알겠어. 나중에 전화할게.

2 약속에 못 가는 이유를 댈 때

A Will you come tonight?
너 오늘 밤에 와?

B I'm sorry. Something has **come up**, so I can't make
it today. 미안. 일이 생겨서 나 오늘 못 가.   * **make it** (모임 등에) 가다

3 회의 중에 아이디어를 짜낼 때

A Has anybody **come up** with any ideas?
아이디어 떠오른 사람 있어?

B I've **come up** with a great idea.
나 괜찮은 아이디어가 떠올랐어.

068.mp3

break
up

① (연인과) 헤어지다, 이별하다
② (완전히) 멈추다, 끝내다

　　　　　　　break은 깨지긴 했는데 '금만 간' 것일 수도 있습니다. 그렇기에
다시 붙이거나 때울 수 있습니다. 그러나 up에는 '완료하는' 속성이
있다고 했죠. 따라서 break up이라고 하면 '완전히 산산조각 난' 것
입니다. '헤어지다', '이별하다'를 왜 break up이라고 하는지 이제 이
해가 가죠? 또한 break up은 어떤 일을 끝내거나 멈출 때도 쓰는데,
한창 싸우고 있는 친구들을 말릴 때도 break up을 씁니다.

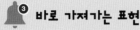
· **I don't want to break up with you.**
난 너랑 헤어지고 싶지 않아.

· **Why did you break up with him?**
너 그와 왜 헤어졌어?

· **Stop fighting! Break it up!**
그만 싸워! 그만 멈추라고!

표현 써먹기

1 헤어지자는 애인을 붙잡을 때

A I'm sick of it. We're over.
난 지겨워. 우린 이제 끝났어.

B Don't say that. I don't want to **break up** with you.
그런 말 하지 마. 난 너랑 헤어지고 싶지 않아.

2 애인과 헤어진 이유를 물을 때

A I **broke up** with my boyfriend. I'm so sad.
나 남자친구랑 헤어졌어. 너무 슬퍼.

B Why did you **break up** with him?
그와 왜 헤어졌어?

3 친구들의 싸움을 말릴 때

A Stop fighting! **Break** it **up**!
그만 싸워! 그만 멈추라고!

B Get off! I can't stand it anymore.
이거 놔! 난 더 이상은 못 참겠어.

make up

① 화해하다 (with) ② (이야기를) 꾸며내다 ③ 결심하다, 작정하다

break up이 '이별'이라면 make up은 '화해'입니다. 금이 가고 깨진 마음을 새로 만들어 낸다면 '화해하게' 되고, 없는 이야기를 만들면 '꾸며내는' 게 되고, 마음속에 의지를 만들면 '결심하는' 것입니다. 그리고 얼굴을 새로운 색깔 등으로 꾸미면 '화장하는' 것이죠. 그래서 '화장하다'를 영어로 put on makeup이라고 합니다.

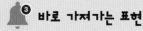 바로 가져가는 표현

- **I made up with my girlfriend.**
  나 여자친구랑 화해했어.

- **Sorry. I made up the story.**
  미안. 내가 꾸며낸 이야기야.

- **I've made up my mind to start up my own business.** 난 내 사업을 시작하기로 마음먹었어.

 표현 써먹기

1 애인과 화해했다고 말할 때

   A I **made up** with my girlfriend. Thank god.
       나 여자친구랑 화해했어. 다행이야.

   B Good for you. Treat her right.
       잘됐네. 그녀에게 잘해.   * **treat** 대하다

2 거짓말이라고 실토할 때

   A You said you won a lottery.
       너 복권에 당첨됐다고 했잖아.   * **win a lottery** 복권에 당첨되다

   B Sorry. I **made up** the story. That never happened.
       미안. 내가 꾸며낸 이야기야. 그런 일은 없었어.

3 결심을 밝힐 때

   A I've **made up** my mind to start up my own business. 난 내 사업을 시작하기로 마음먹었어.

   B I'll support you. It will work out well.
       내가 지지할게. 다 잘될 거야.   * **start up** ~을 시작하다, 시동을 걸다

▶

구동사 복습하기 **주어진 구동사를 우리말 문장에 맞게 알맞은 형태로 쓰세요.**

---

keep up

(일정 수준으로) 계속하다,
유지하다
(비슷한 수준으로) 맞추다,
따라가다 (with)

1 You're doing well.   the
good work!
잘하고 있군요. 그대로만 계속하세요!

2 Let's   this pace.
이 페이스를 유지하자.

3 I can't   with you.
너를 따라갈 수가 없어.

---

catch up

(먼저 간 사람을) 따라잡다
(with)
(뒤처진 것을) 만회하다
(on/with)

4 Go on ahead! I will   soon.
먼저 가! 나도 금방 따라갈게.

5 I have a lot of work to   on.
난 해야 할(만회할) 일이 너무 많아.

6 Can I   with other people?
내가 다른 사람들을 따라잡을 수 있을까?

---

come up

(예상치 못한 일이)
발생하다, 생기다
(생각, 아이디어가)
떠오르다 (with)

7 Something just   . I've got
to go. 방금 무슨 일이 생겼어. 가 봐야겠다.

8 Something has   , so I can't
make it today. 일이 생겨서 나 오늘 못 가.

9 I've   with a great idea.

나 괜찮은 아이디어가 떠올랐어.

---

break up

(연인과) 헤어지다,
이별하다
(완전히) 멈추다, 끝내다

10 I don't want to   with you.

난 너랑 헤어지고 싶지 않아.

11 Why did you   with him?

너 그와 왜 헤어졌어?

12 Stop fighting!   it   !

그만 싸워! 그만 멈추라고!

---

make up

화해하다 (with)
(이야기를) 꾸며내다
결심하다, 작정하다

13 I   with my girlfriend.

나 여자친구랑 화해했어.

14 Sorry. I   the story.

미안. 내가 꾸며낸 이야기야.

15 I've   my mind to start up

my own business.

난 내 사업을 시작하기로 마음먹었어.

★구동사 복습하기의 영어 문장을 듣고 따라 말해 보세요.

070.mp3

구동사로 대화하기 다음 A, B 대화를 보고 빈칸의 문장을 알맞게 완성하세요.

1   A: **Can you speak a little slowly?**

        .

   말을 조금 천천히 해 줄래? 네 말을 따라갈 수가 없어.

   B: **No problem.**

   그렇게.

2   A: **Are you on your way?** 너 오고 있어?

   B: **I'm still at work.**   **.**

   아직 회사야. 나 해야 할 일이 너무 많아.

3   A: **. I've got to go.**

   방금 무슨 일이 생겼어. 가 봐야겠다.

   B: **Alright. I'll call you later.**

   알겠어. 나중에 전화할게.

4   A: **. I'm so sad.**

   나 남자친구랑 헤어졌어. 너무 슬퍼.

   B: **Why did you**   **?**

   그와 왜 헤어졌어?

5   A: **You said you won a lottery.**

   너 복권에 당첨됐다고 했잖아.

   B: **Sorry.**   **. That never happened.**

   미안. 내가 꾸며낸 이야기야. 그런 일은 없었어.

071.mp3

★**구동사로 대화하기**의 대화를 듣고 따라 말해 보세요.

표현 확장하기 주어진 우리말 문장에 맞게 영어 문장을 써 보세요.

1   나는 그들을 따라갈 수가 없었어.

.

2   너 해야 할(만회할) 일이 많아? (catch)

?

3   일이 생겼어. 나 수업에 못 가. (현재완료형)

. I can't make it to the class.

4   난 내 남자친구랑 헤어지고 싶지 않아.

.

5   난 여자친구랑 화해하고 싶어.

.

6   난 영어를 공부하기로 결심했어. (현재완료형)

.

7   멋진 아이디어가 떠오르지 않아. (great)

I   .

8   너는 다른 사람들을 따라잡을 수 있어.

.

★**표현 확장하기**의 영어 문장을 듣고 따라 말해 보세요.

072.mp3

check up

① 확인하다, 살피다 (on)

check up은 '확인하는' 것입니다. 무엇을 하는지, 이상은 없는지, 잘하고 있는지 등을 제대로 살펴보고 확인(점검)하는 것이죠. 참고로 check-up(또는 checkup)으로 쓰면 '건강검진'이라는 뜻의 명사가 됩니다. 이것도 몸에 이상이 없는지 확인하는 것이죠. I get a medical check-up every year(나는 매년 건강검진을 받는다). 처럼 쓰면 돼요.

❸ 바로 가져가는 표현

- **Go check up on your brother.**
  가서 네 동생 어떤지 살펴봐.

- **I'm here to check up on you.**
  난 네가 어떤지 살피러 왔어.

- **Let me check up on that for you.**
  (당신을 위해) 제가 확인해 드릴게요.

 표현 써먹기

1 사람의 기분이나 상태를 확인하라고 할 때

A Your brother is upset. Go **check up** on your brother.
네 동생 기분이 안 좋더라. 가서 네 동생 어떤지 살펴봐.

B I think we should leave him alone.
내 생각에는 걔를 혼자 놔두는 게 좋을 것 같아.

2 누군가를 챙겨 주려고 할 때

A Are you OK? I'm here to **check up** on you.
괜찮아? 난 네가 어떤지 살피러 왔어.

B You're so kind. I'm good. Thanks. 너 되게 착하다. 난 괜찮아. 고마워.

3 뭔가를 확인해 주겠다고 말할 때

A Excuse me? Is this gluten-free?
실례합니다. 이거 글루텐 안 들어가 있죠?

B Let me **check up** on that for you. Just give me
a second. 제가 확인해 드릴게요. 잠깐만 기다려 주세요.

＊**gluten** 곡물에 들어 있는 단백질의 일종

show up

① 나타나다, (모습을) 나타내다, 오다

책상 밑에 한 아이가 웅크리고 있다고 상상해 보세요. 책상에 가려 보이지 않던 아이가 벌떡 일어서면 모습이 보이겠죠? '눈앞에 나타나다'라는 뜻의 show up은 이렇게 생각하면 쉽게 기억할 수 있습니다. 또한 어떤 모임이나 약속에 '오다'로 해석되는 게 그런 이유 때문이죠.

🔔③ 바로 가져가는 표현

- **They'll show up late.** 그들은 늦게 올 거야.
- **I waited for ages, but he didn't show up eventually.**
  난 오랫동안 기다렸지만, 그는 결국 나타나지 않았어.   *** for ages** 오랫동안
- **Why didn't anybody show up?** 왜 아무도 안 왔지?

 표현 써먹기

1 사람들이 늦을 거라고 말할 때

> A When are they coming?
> 걔네 언제 오지?
>
> B They'll **show up** late.
> 걔들은 늦게 올 거야.

2 바람맞은 이야기를 할 때

> A I waited for ages, but he didn't **show up** eventually.
> 난 오랫동안 기다렸지만, 그는 결국 나타나지 않았어.
>
> B What!? He stood you up?
> 뭐라고? 걔가 너 바람맞혔어?   *** stand 사람 up** 누구를 바람맞히다

3 사람들이 안 올 때

> A Why didn't anybody **show up**?
> 왜 아무도 안 왔지?
>
> B OMG. Our meeting is not today. It's tomorrow.
> 헐. 우리 모임 오늘 아니다. 내일이야.

warm up

① 몸을 (천천히) 풀다, 준비 운동을 하다

② 좋아하게 되다 (to)

warm up은 '온도를 높이는' 것입니다. warm up the room은 방의 온도를 높여 덥히는 것이죠. 경기 전에 준비 운동을 하는 이유도 몸의 온도를 높여 부상 발생 위험을 낮추기 위함이니 warm up은 '준비 운동을 하다', '몸을 풀다'라는 뜻도 됩니다. 그리고 사람에게 따뜻하게 온도를 높이는 것은 '좋아하게 되는' 것이겠죠. 유학이나 워킹 홀리데이를 가는 분들에게 전 늘 다음처럼 말합니다. Don't worry. They'll warm up to you(걱정하지 말아요. 그들은 당신을 좋아하게 될 거예요).

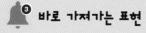
- **Let's warm up our body.**
  우리 몸 풀자.

- **He didn't warm up, so he got injured.**
  그가 준비 운동을 안 해서 부상을 입었어.

- **Your coworkers will warm up to you.**
  직장 동료들은 널 좋아하게 될 거야.

표현 써먹기

1 준비 운동을 하자고 말할 때

A OK, gather together. Let's **warm up** our body.
좋아, 다 모여 봐. 우리 몸 풀자.

B We're ready.
준비 됐어.

2 부상 원인에 관해 말할 때

A What happened?
어떻게 된 거야?

B He didn't **warm up**, so he got injured.
그가 준비 운동을 안 해서 부상을 입었어.

3 첫 출근하는 친구를 격려할 때

A What if I can't get along with my coworkers?
내가 직장 동료들이랑 잘 지내지 못하면 어쩌지?

B Your coworkers will **warm up** to you. Don't worry.
직장 동료들은 널 좋아하게 될 거야. 걱정하지 마.   ★ **get along with** ~와 잘 지내다

076.mp3

end up

① 결국 (어떤 상태가) 되다, 결국 ~에 있게 되다

end는 명사로 '끝', 동사로는 '끝나다', '끝내다'라는 뜻을 갖습니다. end up은 끝난 것에 완전히 완료된 느낌까지 더해져 결말이 어떻게 되었는지를 나타내는 표현입니다. 그런데 그 느낌은 약간 부정적일 때가 많아요. '결국 어떤 상황에 처하다'라고 할까요? 사람이 하루 12시간 365일 일하면 병원에 실려 가겠죠. 너무 일만 하는 친구에게 end up을 써서 이렇게 충고해 보세요. You'll end up in hospital(너 그러다 나중에 병원 신세 진다)! 참고로 end up 뒤에는 -ing 형태나 전치사 등이 온다는 것도 알아 둡시다.

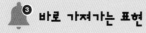
· **I ended up taking a taxi.**
난 결국 택시 탔어.

· **I met him, and we ended up making out.**
난 그를 만났고, 마지막에 우리는 키스했어.

· **You'll end up in hospital.**
너 그러다가 병원 신세 져.

표현 써먹기

1 어떻게 귀가했는지 말할 때

A Did you take a bus?
너 버스 탔어?

B I missed the last bus, so I **ended up** taking a taxi.
막차를 놓쳐서 난 결국 택시 탔어.

2 썸의 결말을 말할 때

A I met him, and we **ended up** making out.
난 그를 만났고, 마지막에 우리는 키스했어.

B But you said you don't have feelings for him!
너 그 사람한테 마음 없다며!

3 과로하는 친구에게 경고할 때

A I've worked 12 days in a row.
나 12일을 내리 일했어.

B You'll **end up** in hospital if you don't get some rest.
너 쉬지 않으면 그러다가 병원 신세 져.

look up

① (사전, 웹사이트 등에서) 찾아보다 ② 존경하다, 우러러보다 (to)

look up의 첫 번째 뜻은 사전이나 웹사이트에서 '정보를 찾는' 것입니다. 책 속의 내용을 보고서 위로 빼낸다고 생각하면 의미가 쉽게 와 닿을 거예요. 두 번째로는 '존경하다'라는 뜻이 있습니다. 한국어의 '우러러보다'처럼 눈을 들어 누군가를 쳐다보는 것은 존경의 마음을 담은 행위라고 할 수 있죠. 그렇게 생각하면 look up에 왜 '존경하다'의 뜻이 있는지 이해하기 쉬울 겁니다.

- **Can you look up the number?**
  번호 좀 찾아봐 줄 수 있어?

- **I'll look up the word.**
  내가 그 단어 찾아볼게.

- **My boss is good at her job. I look up to her.** 내 상사는 일을 잘해. 난 그녀가 존경스러워.

표현 써먹기

1 전화번호를 찾아보라고 할 때

A We need to book a table at the restaurant.
우린 그 식당 예약해야 해.

B I'm on it. Can you **look up** the number for the restaurant? 내가 할게. 그 식당 번호 좀 찾아봐 줄 수 있어?

2 단어의 뜻을 찾아보겠다고 할 때

A What does this word mean?
이 단어 뜻이 뭐야?

B I'll **look up** the word in a dictionary.
내가 사전에서 그 단어를 찾아볼게.

3 상사를 존경한다고 표현할 때

A My boss is good at her job. I **look up** to her.
내 상사는 일을 잘해. 난 그녀가 존경스러워.

B You're so lucky. I can't **look up** to my boss.
넌 정말 행운아다. 난 내 상사 존경 못 하겠던데.

wrap up

① (따뜻하게) 챙겨 입다　② 마무리하다, 끝내다

wrap은 '둘러싸는' 것입니다. 옷으로 몸 위를 잘 둘러싸면 따뜻해지겠죠. 그래서 wrap up은 '따뜻하게 챙겨 입다'라는 뜻을 갖습니다. 그리고 선물을 생각하면 (둘러싸는) 포장이 가장 마지막 단계인데, wrap up은 둘러싸는 것이 완료되는 것을 의미하죠. 그래서 '끝내다', '마무리하다'라는 뜻으로도 씁니다.

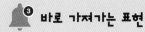
· **It's freezing cold outside! Wrap up warm.**
밖에 진짜 추워! 따뜻하게 챙겨 입어.

· **I think we can wrap up the meeting.**
내 생각엔 우리가 회의를 끝내도 되겠어.

· **Wrap up the proposal as soon as possible.** 제안서를 가능한 한 빨리 마무리하도록 해.

 표현 써먹기

1 옷을 따뜻하게 입으라고 조언할 때

A It's freezing cold outside! **Wrap up** warm.
밖에 진짜 추워! 따뜻하게 챙겨 입어.

B I already **wrapped** myself **up.**
난 이미 여러 벌 껴입었어.

2 회의를 마무리할 때

A It looks like we're almost done.
우리 (얘기가) 거의 다 끝난 것 같군.

B Yes, I think we can **wrap up** the meeting.
응. 내 생각엔 우리가 회의를 끝내도 되겠어.

3 마감을 독촉할 때

A **Wrap up** the proposal as soon as possible. We have a meeting today.
제안서를 가능한 한 빨리 마무리하도록 해. 우리 오늘 회의 있잖아.

B I'm working on it. 작업하고 있어.

구동사 복습하기 주어진 구동사를 우리말 문장에 맞게 알맞은 형태로 쓰세요.

check up
확인하다, 살피다 (on)

1 Go   on your brother.
가서 네 동생 어떤지 살펴봐.

2 I'm here to   on you.
난 네가 어떤지 살피러 왔어.

3 Let me   on that for you.
(당신을 위해) 제가 확인해 드릴게요.

---

show up
나타나다,
(모습을) 나타내다, 오다

4 They'll   late. 그들은 늦게 올 거야.

5 I waited for ages, but he didn't

         eventually.
난 오랫동안 기다렸지만, 그는 결국 나타나지 않았어.

6 Why didn't anybody   ?
왜 아무도 안 왔지?

---

warm up
몸을 (천천히) 풀다,
준비 운동을 하다
좋아하게 되다 (to)

7 Let's   our body.
우리 몸 풀자.

8 He didn't   , so he got injured.
그가 준비 운동을 안 해서 부상을 입었어.

9 Your coworkers will   to you.
직장 동료들은 널 좋아하게 될 거야.

---

end up

결국 (어떤 상태가) 되다,
결국 ~에 있게 되다

10 I _____ taking a taxi. 난 결국 택시 탔어.

11 I met him, and we _____ making out. 난 그를 만났고, 마지막에 우리는 키스했어.

12 You'll _____ in hospital.
너 그러다가 병원 신세 져.

look up

(사전, 웹사이트 등에서)
찾아보다
존경하다, 우러러보다 (to)

13 Can you _____ the number?
번호 좀 찾아봐 줄 수 있어?

14 I'll _____ the word. 내가 그 단어 찾아볼게.

15 My boss is good at her job. I _____ to her. 내 상사는 일을 잘해. 난 그녀가 존경스러워.

wrap up

(따뜻하게) 챙겨 입다
마무리하다, 끝내다

16 It's freezing cold outside! _____ warm. 밖에 진짜 추워! 따뜻하게 껴입어.

17 I think we can _____ the meeting.
내 생각엔 우리가 회의를 끝내도 되겠어.

18 _____ the proposal as soon as possible. 제안서를 가능한 한 빨리 마무리하도록 해.

★구동사 복습하기의 영어 문장을 듣고 따라 말해 보세요.

079.mp3

구동사로 대화하기 다음 A, B 대화를 보고 빈칸의 문장을 알맞게 완성하세요.

1 A: **Your brother is upset.**   .

네 동생 기분이 안 좋더라. 가서 네 동생 어떤지 살펴봐.

B: **I think we should leave him alone.** 내 생각에는 걔를 혼자 놔두는 게 좋을 것 같아.

2 A: ?

왜 아무도 안 왔지?

B: **OMG. Our meeting is not today. It's tomorrow.**

헐. 우리 모임 오늘 아니다. 내일이야.

3 A: **What happened?** 어떻게 된 거야?

B: **He didn't**   .

그가 준비 운동을 안 해서 부상을 입었어.

4 A: **I've worked 12 days in a row.** 나 12일을 내리 일했어.

B: **if you**   .

너 쉬지 않으면 그러다가 병원 신세 져.

5 A: **We need to book a table at the restaurant.** 우리 그 식당 예약해야 해.

B: **I'm on it. Can you**

? 내가 할게. 그 식당 번호 좀 찾아봐 줄 수 있어?

6 A: .

We have a meeting today.

제안서를 가능한 한 빨리 마무리하도록 해. 우리 오늘 회의 있잖아.

B: **I'm working on it.** 작업하고 있어.

★구동사로 대화하기의 대화를 듣고 따라 말해 보세요.

080.mp3

▶

표현 확장하기 **주어진 우리말 문장에 맞게 영어 문장을 써 보세요.**

1 난 우리 할머니께서 어떠신지 살펴보려고 온 거야. (here)

.

2 어쨌든 그는 올 거야. (anyway)

.

3 우린 결국 기차를 탔어.

.

4 그 단어를 인터넷에서 찾아봐 줄래? (can)

.

5 내 생각에 우리는 수업을 마쳐도 되겠어. (can, the class)

.

6 나는 우리 부모님을 존경해.

.

7 그들은 곧 널 좋아하게 될 거야.

.

8 우리는 결국 헤어졌어. (ended)

.

★**표현 확장하기**의 영어 문장을 듣고 따라 말해 보세요.

081.mp3

make it up

make up은 '화해하다', '꾸며내다', '작정하다'라는 의미의 구동사라고 배웠습니다. 그런데 미드를 보다가 make it up이라고 말하는 걸 들은 적 있나요? make it up은 원어민이 일상에서 정말 자주 쓰는 표현 중 하나인데, 주로 다음처럼 씁니다.

> **I'm sorry to cancel the plans. I'll make it up to you.**
> 약속 취소해서 미안해. 다음에 만회할게.
>
> **You helped me a lot. How can I make it up to you?**
> 넌 날 많이 도와줬어. 내가 어떻게 보답할 수 있을까?
>
> **Give me a chance to make it up to you.**
> 내게 만회할 기회를 줘.

위 예문들의 make up을 '화해하다', '꾸며내다', '작정하다'로 해석하면 이상해집니다. 둘의 쓰임새가 다르다는 것은 예문만 봐도 알겠죠? make it up은 잘못을 만회하거나 도움을 많이 받아 보답하고 싶은 마음을 표현할 때 쓰는 표현입니다. 그리고 예문을 보면 알겠지만 make it up은 뒤에 'to+대상'을 붙여서 씁니다.

이 표현은 한 번만 직접 말해 보면 입에 착 붙습니다. 그렇다면 누구에게 이 말을 써 볼까요? 가장 먼저 부모님이 떠오르는군요. 부모님은 우리를 위해 희생하고, 늘 좋은 것을 주고자 정성을 다하시는 고마운 분들이잖아요. 부모님께 영어 공부에 필요한 연습이라고 하면서 슬쩍 Mom, Dad, I'll make it up to you.라고 말해 보면 어떨까요? 진심을 담은 따뜻한 말 한마디로 부모님께서는 큰 행복과 보람을 느끼시게 될 거예요.

What are you up to?와 Are you up for it?

아래 두 표현은 일상에서 정말 많이 쓰이는 'be동사+up' 표현입니다.

What are you **up** to? | **Are** you **up** for it?

영어 공부를 하다 보면 이런 단순한 문장들이 오히려 더 어렵다는 것을 느끼게 됩니다. up의 역할을 제대로 모르니까 위의 두 예문은 보기에만 쉽지 제대로 이해도 안 되고, 그래서 잘 쓰지 못하는 경우가 많죠.

What are you up to?는 What are you doing? 즉, '뭐 하고 있어?'라는 질문입니다. 뒤에 '시간 표현'을 붙여서 <u>(특정 시간에)</u> 무엇을 하는지를 물어볼 수도 있습니다. 특정 시간에 하는(할) 일 위에 내가 올라탄 모습을 떠올려 보세요. 그러면 '어느 시간에 무슨 일을 해?'라는 문장의 의미를 이해하기 쉬울 겁니다.

A: **What are you up to** now? 지금 뭐 해?

B: I'm working on my homework. 숙제 하는 중이야.

A: **What are you up to** this weekend? 이번 주말에 뭐 해?

B: I have no plans yet. 아직 별다른 계획 없어.

Are you up for it?은 Will you join us? 즉, '너도 함께할래?', '너도 낄래?'라고 묻는 표현입니다. it을 따라가 그 위에 올라가는 거니 'it에 너도 동참하다'라는 의미와 연결할 수 있겠죠?

A: We're going to have dinner together. **Are you up for it?**
우리 같이 저녁 먹으러 갈 건데, 너 낄래?

B: I'd love to! I'm definitely up for it! 너무 좋지! 나도 당연히 가고 싶어!

앞에서도 말했지만, 둘 다 일상생활에서 정말 많이 쓰이는 표현입니다. 앞으로 영어 원어민 친구를 만나면 What are you up to?로 일정을 물어보고, Are you up for it?으로 의향을 물어보세요!

CHAPTER 6

DOWN

- ☐ **let down**
- ☐ **break down**
- ☐ **turn down**
- ☐ **cut down**
- ☐ **take down**

'아래로/아래에' 속성 아래로 향하는 움직임

DOWN

DOWN

미니강의 06

down의 기본 속성은 **아래로/아래에**입니다. '위에/위로'인 up과
는 반대 속성으로, down은 **아래로 향하는 움직임**을 나타냅니다.

예문을 보면서 down의 속성에 관해 자세히 설명하겠습니다.

- **I fell down.**

이렇게 말하면 사람들은 내가 바닥에 철퍼덕 넘어졌다는 것을 알 수 있습니다. 서 있던 자
리의 아래(down)는 바닥이니까요. 이처럼 '아래로/아래에'라는 down의 기본 속성만 알
아도 down이 들어간 구동사 표현의 의미를 이해하기 쉬워집니다. 예를 하나 더 볼게요.

- **The police wrote down the phone number.**

위의 문장은 '경찰은 전화번호를 적었다'라는 뜻입니다. wrote라고만 해도 될 것 같은데
왜 굳이 wrote down이라고 썼을까요? 우리는 눈과 귀를 통해 뇌에 전달된 정보를 노트
나 스마트폰 등에 적습니다. 이때 노트나 스마트폰의 위치는 머리보다 아래에 있을 때가
대부분입니다. 위(up)에 있는 정보를 머리보다 아래(down) 위치에 있는 공책이나 스마트
폰에 적는 모습을 떠올려 보세요. 여기서 down은 '아래로 향하는' 이미지를 확실히 떠올
리게 하는 역할을 하죠. 이제 write down이 '적어 두다', '기록하다'라는 뜻을 갖는 이유
를 알 수 있을 겁니다.

I'm down. '나 다운됐어'일까?

I'm down.을 어떻게 해석하면 좋을까요? 많은 사람이 '나 기분이 안 좋아'라고 해석합니다. 물론 그런 의미로 쓰기도 합니다. 비슷해 보이는 I feel down.이 '나 기분 안 좋아(우울해)'라는 뜻이니까요. 그런데 I'm down.에는 또 다른 재미난 뜻이 있어요. 한번은 제가 미국인 친구한테 Why don't we eat chicken for dinner(저녁으로 치킨 먹는 게 어때)?라고 물었습니다. 그때 친구가 이렇게 대답했죠. I'm down! 그런 뒤 저희는 치킨을 배달시켜 맛있게 먹었습니다. 이 일화에서 I'm down.이 '찬성(콜)'의 의미로도 쓰인다는 걸 눈치챘을 거예요.

흔히 상대방의 제안을 받아들일 때 우리는 "콜!"이라고 합니다. 어렸을 때 "~할 사람?" 하고 손을 펴서 앞에 놓으면 뜻을 같이하는 친구들이 하나둘 손을 내려서(down) 그 위에 올렸던 기억이 있을 거예요. I'm down.은 저 상황과 연결하면 이해가 쉽습니다. 대상을 구체적으로 밝힐 때는 I'm down for ~로 씁니다.

- **I'm down for that.**
  난 그거 찬성이야.

- **I'm down for chicken!**
  난 치킨, 콜!

그래서 I'm down.을 아래처럼 바꿔서 쓰기도 합니다.

A **We're going to throw a party! Who's down?**
우린 파티를 열 거야! 올 사람?

B **I'm down (for the party)!**
나 갈래!

미국인들은 일상에서 I'm down.을 정말 많이 써요. 누가 마음에 드는 제안을 했을 때 적극적으로 I'm down!이라고 말해 보면 어떨까요?

let down

① 실망시키다, 기대를 저버리다

기분을 up 하고 싶은데 아래로 향하는 down 상태로 내버려둔 다면(let) 실망스러운 상태로 빠지겠죠. 그래서 let down은 '(누구를) 실망시키다'라는 뜻으로 씁니다.

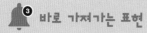

- **Don't let me down.**
  날 실망시키지 마.
- **I don't want to let down my parents.**
  난 부모님을 실망시키고 싶지 않아.
- **I've let her down a lot.**
  난 (지금껏) 그녀를 많이 실망시켰어.

표현 써먹기

1 실망시키지 말라고 말할 때

A I trust you. Don't **let** me **down**.
나 너 믿는다. 날 실망시키지 마.

B I'll never **let** you **down**. 절대 널 실망시키지 않을게.

2 기대를 저버리고 싶지 않은 마음을 표현할 때

A What makes you study so hard? 넌 왜 그렇게 열심히 공부해?

B My parents count on me. I don't want to **let down** my parents.
우리 부모님은 나를 믿고 있어. 난 부모님을 실망시키고 싶지 않아.

3 누군가를 실망시켰다고 말할 때

A I've **let** her **down** a lot. So when she left me, there was nothing I could do.
난 그녀를 많이 실망시켰어. 그래서 그녀가 떠날 때 아무것도 할 수 없었어.

B Oh boy... 저런….

break down

① 고장 나다

어떤 물건이 산산이 깨지거나 부서져서(break) 아래로 떨어진(down) 모습을 생각해 보세요. 그러면 break down이 왜 '고장 나다'인지 금방 이해할 수 있을 겁니다. break down은 단순한 고장보다 '기능적으로 전혀 작동하지 않을' 때 쓰는 표현입니다. 예를 들면, 차 엔진에서 연기가 피어나고 몇 번 시도해도 시동이 걸리지 않는 절망적인 상황에 break down을 씁니다. 컴퓨터를 켰는데 자꾸 블루 스크린이 뜬다? 최악의 break down인 셈이죠.

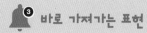

③ 바로 가져가는 표현

- **My car broke down again.**
  내 차가 또 고장 났어.

- **It seems that it broke down.**
  이거 고장 났나 봐.

- **I couldn't do it because my computer had broken down.** 제 컴퓨터가 고장 나서 그걸 할 수가 없었어요.

표현 써먹기

1 차가 고장 났다고 말할 때

A My car **broke down** again. 내 차가 또 고장 났어.

B Why don't you buy a new car? It's been 15 years.
차를 새로 사는 게 어때? 15년이나 됐잖아.

2 핸드폰이 고장 난 것 같을 때

A Why the long face? 왜 이렇게 시무룩해?

B I dropped my phone, and it won't turn on. It seems that it **broke down**.
핸드폰을 떨어뜨렸는데 안 켜져. 고장 났나 봐. ＊ **long face** 우울한 얼굴

3 컴퓨터가 고장 났다고 말할 때

A I told you to do your homework. 내가 숙제 하라고 말했을 텐데.

B I couldn't do it because my computer had **broken down**.
제 컴퓨터가 고장 나서 할 수가 없었어요.

turn down

① (소리나 온도 등을) 줄이다, 낮추다   ② 거절하다

옛날 스피커는 동그란 버튼을 돌려서(turn) 소리를 올리거나 내렸습니다. 난방 장치도 그런 식으로 온도 조절을 했죠. 거기서 '소리나 온도를 줄이다'라는 의미의 turn down이 나왔다고 기억해 두세요. 또한 turn down에는 '거절하다'라는 뜻도 있습니다. 고백이나 제안이 적힌 종이를 건넸는데 상대방이 그걸 뒤집는다? 명백한 거절의 표현이죠.

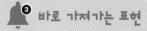
> · **Turn down** the television.
> 티브이 소리 좀 줄여.
>
> · She **turned** me **down**.
> 그녀는 날 찼어(내 고백을 거절했어).
>
> · I **turned down** the offer.
> 난 그 제안을 거절했어.

표현 써먹기

1 소리를 줄이라고 요청할 때

A **Turn down** the television. Dad fell asleep.
티브이 소리 좀 줄여. 아빠 잠들었어.

B I'm not sleeping. 나 안 잔다.

2 좋아하는 사람에게 차였다고 말할 때

A I asked her out, but she **turned** me **down**.
그녀에게 데이트 신청했는데, 그녀는 날 찼어.

B That's too bad. I'll buy you a drink.
저런... 내가 한잔 살게.

3 제안을 거절했다고 말할 때

A I **turned down** the offer.
난 그 제안을 거절했어.

B But it looked like a good offer. Why did you **turn** it **down**?
괜찮은 제안처럼 보였는데. 왜 거절했어?

cut down

① 베어 쓰러뜨리다　② (양이나 행위를) 줄이다 (on)

무언가를 '베어(cut) 아래로(down) 쓰러뜨리는' 것이 cut down 입니다. 그래서 '죽이다'라는 뜻도 있습니다. 사람이든 동물이든 칼에 베여 쓰러지면 죽게 될 테니까요. cut down에는 '(양이나 행위를) 줄이다'라는 의미도 있습니다. 뭔가를 계속 자르면 그 양은 점점 줄어들기 때문이죠. 이때는 뒤에 on이 함께 쓰입니다.

· **I want people to cut down fewer trees.**
나는 사람들이 나무를 덜 베면 좋겠어.

· **You need to cut down on spending.**
넌 지출을 줄여야 해.

· **I can't cut down on flour-based food.**
난 밀가루 음식을 줄일 수가 없어.

⬤ 표현 써먹기

1 환경 보호에 관해 이야기할 때

A I want people to **cut down** fewer trees.
나는 사람들이 나무를 덜 베면 좋겠어.

B I agree. We have to do our best to protect the environment.
동의해. 우리는 환경을 지키기 위해 최선을 다해야 해.

2 씀씀이를 줄이라고 충고할 때

A I've almost spent my paycheck. 나 월급을 거의 탕진했어.

B Already? You need to **cut down** on spending.
벌써? 넌 지출을 줄여야 해. * **paycheck** 월급, 급여

3 어떤 음식물 섭취를 줄이기 힘들다고 말할 때

A You're not supposed to eat noodles. You're on a diet.
너 국수 먹으면 안 돼. 다이어트 중이잖아.

B But I can't **cut down** on flour-based food.
하지만 난 밀가루 음식을 줄일 수가 없어. * **be on a diet** 다이어트 중이다

take down

① (세워져 있거나 놓여 있는 것을) 걷다, 제거하다

② 적다, 쓰다

③ 제압하다, 쓰러뜨리다

    take down은 기본적으로 세워져 있는 것을 취해서(take) 아래로 눕히는 것입니다. 여기서 take down의 뜻을 연상해 보세요. 서 있던 범인을 바닥에 엎드리게 한 뒤 수갑을 채우는 경찰의 모습을 떠올려 보면 경찰이 범인을 '제압하는' 것을 take down이라고 하는 이유를 알 수 있을 겁니다. 그리고 세워져 있는 텐트를 눕힌다? '텐트를 걷다'라는 의미임을 알 수 있겠죠. 또한 글을 적을 때는 펜을 취해 아래로 삐딱하게 눕히면서 글자를 쓰죠. 그래서 take down에는 '(무언가를) 적다'라는 뜻도 있습니다. 이때는 write down을 대신 써도 돼요.

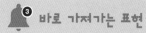
- **It's time to take down the tent.**
  텐트를 걷을 시간이야.

- **It's my address. Take it down.**
  우리 집 주소야. (주소를) 적어 둬.

- **I'm going to take him down.**
  내가 그를 제압하겠어.

표현 써먹기

1 캠핑 후 텐트를 걷을 때

  A Wake up, everybody. It's time to **take down** the tent. 다들 일어나. 텐트를 걷을 시간이야.

  B 5 more minutes, please.
  5분만 더요.

2 내용을 받아 적으라고 할 때

  A It's my address. **Take** it **down**.
  우리 집 주소야. 적어 둬.

  B I already **took down** your address.
  난 이미 너희 집 주소를 적어 뒀지.

3 누군가를 제압하려고 할 때

  A Chase him! He is a robber! **Take** him **down**!
  저 놈을 쫓아! 저 자는 강도야! 그를 제압해!

  B I'm going to **take** him **down**.
  내가 그를 제압하겠어.

▶

구동사 복습하기 주어진 구동사를 우리말 문장에 맞게 알맞은 형태로 쓰세요.

---

let down
실망시키다,
기대를 저버리다

1 Don't   me   . 날 실망시키지 마.

2 I don't want to   my

parents. 난 부모님을 실망시키고 싶지 않아.

3 I've   her   a lot.
난 그녀를 많이 실망시켰어.

---

break down
고장 나다

4 My car   again.
내 차가 또 고장 났어.

5 It seems that it   .
이거 고장 났나 봐.

6 I couldn't do it because my computer had

      .

제 컴퓨터가 고장 나서 그걸 할 수가 없었어요.

---

turn down
(소리나 온도 등을) 줄이다,
낮추다
거절하다

7   the television.
티브이 소리 좀 줄여.

8 She   me   .
그녀는 날 찼어(내 고백을 거절했어).

9 I   the offer.
난 그 제안을 거절했어.

---

cut down

베어 쓰러뜨리다
(양이나 행위를) 줄이다 (on)

10 I want people to _____ fewer

trees. 나는 사람들이 나무를 덜 베면 좋겠어.

11 You need to _____ on

spending. 넌 지출을 줄여야 해.

12 I can't _____ on flour-based

food. 난 밀가루 음식을 줄일 수가 없어.

---

take down

(세워져 있거나 놓여 있는
것을) 걷다, 제거하다
적다, 쓰다
제압하다, 쓰러뜨리다

13 It's time to _____ the tent.

텐트를 걷을 시간이야.

14 It's my address. _____ it _____ .

우리 집 주소야. (주소를) 적어 둬.

15 I'm going to _____ him _____ .

내가 그를 제압하겠어.

087.mp3

★구동사 복습하기의 영어 문장을 듣고 따라 말해 보세요.

구동사로 대화하기 다음 A, B 대화를 보고 빈칸의 문장을 알맞게 완성하세요.

1 A: **What makes you study so hard?**

넌 왜 그렇게 열심히 공부해?

B: **My parents count on me.** .

우리 부모님은 나를 믿고 있어. 난 부모님을 실망시키고 싶지 않아.

2 A: **I told you to do your homework.**

내가 숙제 하라고 말했을 텐데.

B: **I couldn't do it because** .

제 컴퓨터가 고장 나서 할 수가 없었어요.

3 A: . Dad fell asleep.

티브이 소리 좀 줄여. 아빠 잠들었어.

B: **I'm not sleeping.**

나 안 잔다.

4 A: **You're not supposed to eat noodles. You're on a diet.**

너 국수 먹으면 안 돼. 다이어트 중이잖아.

B: .

하지만 난 밀가루 음식을 줄일 수가 없어.

5 A: **Chase him! He is a robber!** !

저 놈을 쫓아! 저 자는 강도야! 그를 제압해!

B: **I'm going to** .

내가 그를 제압하겠어.

★**구동사로 대화하기**의 대화를 듣고 따라 말해 보세요.

088.mp3

표현 확장하기 주어진 우리말 문장에 맞게 영어 문장을 써 보세요.

1   넌 너의 부모님을 실망시켰니?

　　　　　　　　　　　　　　　　　　　　　　　　　　　　?

2   내 핸드폰이 또 고장 났어.

　　　　　　　　　　　　　　　　　　　　　　　　　　　　.

3   난 밀가루 음식을 줄이고 싶어. (on)

　　　　　　　　　　　　　　　　　　　　　　　　　　　　.

4   너 왜 그 일자리 제안을 거절했어?

　　　　　　　　　　　　　　　　　　　　　　　　　　　　?

5   우린 지금 텐트를 걷는 중이야. (now)

　　　　　　　　　　　　　　　　　　　　　　　　　　　　.

6   널 절대로 실망시키지 않을게.

I'll 　　　　　　　　　　　　　　　　　　　　　　　　　.

7   음악 소리 좀 줄여 줘.

Please 　　　　　　　　　　　　　　　　　　　　　　　　.

8   이게 내 번호야. 받아 적어.

This is my number. 　　　　　　　　　　　　　　　　　　.

089.mp3

★표현 확장하기의 영어 문장을 듣고 따라 말해 보세요.

CHAPTER 7

FOR /
THROUGH /
INTO /
WITH /
TO /

- ☐ stand for
- ☐ get through
- ☐ be into
- ☐ run into
- ☐ deal with
- ☐ stick to

FOR '목적으로 향하는' 속성

THROUGH '관통하는' 속성

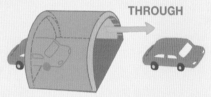

INTO '안으로 들어가는' 속성

WITH '함께 하는' 속성

TO '대상/목표로 향하는' 속성

FOR

미니강의 07

for은 뜻이 많은 전치사이지만, 여기서는 **목적으로 향하는** for의 속성에 관해 다루겠습니다.

- **This house is for sale.** 집을 내놓았습니다(집 팝니다).

for의 속성은 '목적으로 향하는'이라고 했죠. 그렇다면 '판매'라는 뜻의 sale과 함께 쓰인 for sale은 '판매를 목적으로 향하는'으로 직역할 수 있습니다. 이제 for sale이 우리가 흔히 말하는 '세일(디스카운트)'이 아니라 '판매 중'이라는 뜻인 이유가 이해되죠? 위 예문에서는 house가 for sale을 위해 존재합니다.

- **I work hard for my family.** 난 내 가족을 위해서 열심히 일한다.

이 예문에서는 내가 열심히 일하는 목적이 '내 가족'으로 향해 있습니다. 즉, 가족을 잘 부양하기 위해 열심히 일하는 거죠. **Do it for yourself, not for others**(너를 위해서 해, 남들 생각하지 말고).라는 표현도 기억해 두세요.

- **Are you for or against it?** 찬성하시나요 반대하시나요?

for는 '목적을 향한다'고 했습니다. 어떤 정책이나 계획에 목적을 두고 그쪽을 향하고 있다는 것은 그 정책이나 계획에 '찬성한다'는 말이 되겠죠(그러나 그 정책에서 등을 돌리면 against 반대하는 것입니다). 그래서 '찬성합니다'라고 말할 때 **I'm for it.**이라는 표현을 많이 씁니다.

이처럼 for는 **목적을 바라보며 그쪽으로 향하는** 속성을 가지고 있습니다.

THROUGH

through의 속성은 **관통하는**입니다. 긴 터널을 뚫고 나오는 차, 수풀을 가로질러서 오는 강아지, 폭풍우를 헤치고 나아가는 사람의 모습 등을 표현할 때 through를 씁니다. 관통한다는 것은 무언가를 뚫고 나간다는 것으로, 그 무언가는 터널이나 수풀, 벽뿐만 아니라 어려움이나 고통일 수도 있습니다. 이렇듯 **어떤 공간이나 상황을 헤집고 나아가는** 것이 through입니다.

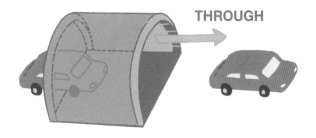

- **Go through the door.**
  저 문을 통해 가세요.

- **I can hear their conversation through the wall.**
  벽 너머로 그들의 대화가 들려.

첫 번째 예문은 문을 '뚫고' 가는 게 아니라 정확히는 문을 열고 나가는 것인데, '문'이라는 공간을 통과해 이쪽에서 저쪽으로 가는 모습을 through가 나타내고 있습니다. 두 번째 예문은 소리가 '벽'이라는 공간을 통과해서 내 귀에 닿는다는 말입니다. 이 공간을 뚫어 내지 못하면 소리를 들을 수 없겠죠.

이처럼 **무언가를 관통하는** 것이 through의 속성입니다.

INTO

in이 '안에' 있는 것을 강조한다면, into는 **안으로 들어가는 움직임**을 강조합니다. 하지만 많은 경우, in과 into 중 어느 쪽을 쓰든 의미는 별 차이 없이 전달됩니다. in은 into의 속성도 포함하는 더 큰 개념입니다.

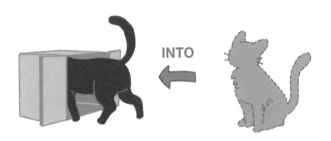

- **Go into the jungle.**
  정글 안으로 들어가라.

위 예문은 나무와 식물로 빽빽하게 둘러싸인 정글이라는 공간 밖에서 그 '안으로' 들어가는 움직임을 강조하기 위해 into를 썼습니다.

- **Get into the car!**
- **Get in the car!**

두 문장 다 '차 안으로 들어가라', 즉 '차에 타라'고 지시하는 것으로, into를 쓰면 정확하게 그 뉘앙스를 표현할 수 있습니다. 그러나 in을 써도 같은 의미의 표현입니다. 그리고 실생활에서는 in을 더 많이 쓰는 경향이 있습니다.

- **I want to dive into the ocean.**
- **I want to dive in the ocean.**

'나는 저 바다로 뛰어들고 싶어'라는 뜻의 문장들입니다. 마찬가지로, 바다 '안으로' dive (뛰어들다) 하는 것이므로 dive into라고 하는 게 정확하지만, dive in도 많이 씁니다.

이처럼 어떤 공간 **안으로 들어가는** 속성이 into입니다.

WITH

with는 기본적으로 **함께 하는** 속성을 갖고 있습니다. 딱 달라붙어 있는 경우도 있고 떨어져 있는 경우도 있지만, 뭐가 되었든 '함께 하고 있다'는 느낌을 전달합니다.

WITH

- **a man with a hat**
  모자를 쓴 남자

with를 씀으로써 모자와 남자가 함께 있다는 것을 알 수 있습니다. 보통 모자는 머리에 쓰기 때문에 머리에 붙어 있죠. 그래서 '모자와 함께 한'이 아니라 '모자를 쓴'으로 해석합니다. 비슷한 예로, '안경 낀 여자'를 a woman **with** glasses라고 합니다.

- **She is with me.**
  그녀는 나와 함께 있어.

이 예문은 '나랑 그녀의 몸이 딱 붙어 있다'라는 뜻이 아닙니다. 내 목소리가 들리고, 내가 볼 수 있는 가까운 거리/공간 안에 그녀가 '함께' 있다는 것이죠. 이게 우리가 가장 많이 아는 with의 뜻이기도 합니다.

- **I can't agree with your opinion.**
  전 당신 의견에 동의할 수 없습니다.

'당신 의견과 함께한다'는 것은 그 의견을 받아들인다는 의미가 됩니다. 그래서 agree(동의하다)라는 단어 자체가 with와 잘 쓰입니다.

이처럼 with는 **함께 하는** 속성을 갖습니다.

TO

to는 어떤 **대상/목표로 향하는** 속성이 있습니다. 그래서 to를 쓰면 '한 지점에서 다른 지점으로 움직이는' 의미를 전달할 수 있습니다. move to, run to, go to, come to, walk to 등 to가 움직임을 표현하는 동작동사와 함께 쓰이는 이유가 이제 이해되나요?

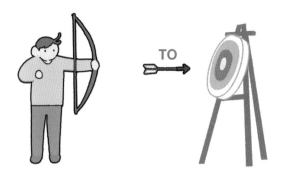

- **I'm going to work.**
  나 일하러 가는 중이야.

내가 있는 곳이 어디든, 내가 향하는 방향은 '일터'라는 것을 보여 주는 예문입니다.

- **I'm talking to you! Are you listening to me?**
  너한테 말하고 있잖아! 내 말 듣고 있어?

위의 예문은 내가 꺼낸 말이 '향하고, 도착하는 대상'이 you이기 때문에 talk to를 썼습니다. 또한 같은 이유로 listen to를 씁니다. 네가 들어야 할 대상/방향은 '내 말'인 것이죠.

이처럼 to는 **대상/목표로 향하는** 속성을 갖습니다.

090.mp3

stand for

① ~을 의미하다, 나타내다 ② ~을 용납하다, 참다

for는 어떤 '목적으로 향하는' 전치사입니다. stand for는 어떤 목적을 위해 서 있다는 것인데, 흔히 줄임말이 무엇을 의미하는지 묻거나 설명할 때 이 구동사를 씁니다. 예를 들어, HBD stands for "Happy BirthDay".는 HBD가 Happy Birthday를 목적으로 두고 그 방향에 서 있다, 즉 'HBD는 Happy Birthday를 의미한다'라고 할 수 있겠죠. 그리고 어떤 방향을 향해 계속 서 있는 것은 '참고 견딘다'는 말도 됩니다. 이 의미로 쓰일 경우, 보통은 부정문으로 씁니다. 상대방의 무례한 행동이 지속될 때 I'm not going to stand for it(나 더는 못 참아!)라고 따끔하게 말해 보세요.

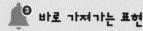

· **What does DIN stand for?**
DIN이 의미하는 바가 뭐야 (DIN은 뭐의 줄임말이야?)

· **This sign stands for "No Smoking".**
이 표지는 '금연 구역'이라는 것을 나타냅니다.

· **I'm not going to stand for his rude attitude.** 난 그의 무례한 태도를 참지 않을 거야.

🔵 표현 써먹기

1 줄임말의 의미가 궁금할 때

  A What does DIN **stand for**?
    DIN이 의미하는 바가 뭐야?

  B That **stands for** "Do It Now".
    '지금 당장 하라'는 말이야.

2 표지나 표시의 의미를 알려 줄 때

  A This sign **stands for** "No Smoking".
    이 표지는 '금연 구역'이라는 것을 나타냅니다.

  B Oops, I didn't see the sign. I'm sorry.
    이런, 제가 표지를 못 봤네요. 미안합니다.

3 더는 참을 수 없는 감정을 표현할 때

  A Wow! He is so rude. Can you **stand for** it?
    와! 저 남자 진짜 무례하다. 넌 저게 용납돼?

  B No, I'm not going to **stand for** his rude attitude.
    아니, 난 그의 무례한 태도를 참지 않을 거야.

get through

① ~와 연락이 닿다 (to)

② 헤쳐 나가다, 이겨내다

③ ~을 끝내다 (with)

through에는 '관통하는(뚫고 나아가는)' 속성이 있습니다. 내 목소리가 전화선을 뚫고 상대에게 닿으면 '~와 (전화) 연락이 닿은' 것이고, 힘든 상황을 뚫고 나아가면 어려움을 '헤쳐 나간(이겨낸)' 것입니다. 그리고 장애물을 통과해 어떤 일을 해낸다면 결국 그 일을 '끝마친' 게 되겠죠.

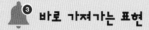

· **I couldn't get through to her.**
난 그녀랑 연락이 닿지 않았어.

· **You will get through it.**
넌 이겨낼 거야.

· **I'm going to get through with this work by 8 pm.** 난 저녁 8시까지 이 일을 끝낼 거야.

 표현 써먹기

1 연락이 닿지 않음을 말할 때

A I couldn't **get through** to her. I'm so concerned.
난 그녀랑 연락이 닿지 않았어. 나 너무 걱정돼.

B I **got through** to her. She fell asleep.
내가 연락이 닿았어. 잠들었었대.

2 어려움을 이겨낼 수 있다고 격려해 줄 때

A It's going to be hard, isn't it?
어렵겠지, 아무래도?

B It will. But you will **get through** it.
그럴 거야. 하지만 넌 이겨낼 거야.

3 하는 일을 끝내겠다고 말할 때

A Let's get off work!
퇴근하자!

B Go first. I'm going to **get through** with this work by
8 pm. 먼저 가. 난 저녁 8시까지 이 일을 끝낼 거야.   * get off 퇴근하다

092.mp3

be into

① ~에 흥미가 있다, ~에 푹 빠지다

into는 '안으로 들어가는' 속성을 갖습니다. 그래서 흔히 be into 는 be interested in(~에 관심이 있다)의 의미를 나타내는 표현으로 많이 쓰입니다. 짧아서 말하기도 쉽고, into를 통해 속으로 '빠져들 어 가는' 느낌도 전달할 수 있죠. 그것 때문에 누구에게 반했다(관심 있다)고 할 때도 be into를 씁니다. 한국말로도 '나 아무개에게 푹 빠졌 어'라고 하잖아요? 영어로는 I'm into him/her.라고 하면 돼요. 혹시 지금 누군가에게 반한 상태라면 be into로 표현해 보세요.

- **I'm not really into musicals.**
  난 뮤지컬에는 큰 관심 없어.
- **My boyfriend is totally into playing games.** 내 남자친구는 게임 하는 데에 아주 푹 빠졌어.
- **Are you into that girl?**
  너 저 여자한테 빠졌냐(관심 있어)?

표현 써먹기

1 관심사, 취미 등에 관해 이야기할 때

  A Do you like watching musicals?
  넌 뮤지컬 보는 거 좋아하니?

  B I'm not really **into** musicals. I like watching movies.
  난 뮤지컬에는 큰 관심 없어. 난 영화 보는 걸 좋아해.

2 어떤 일에 푹 빠진 상태를 말할 때

  A My boyfriend **is** totally **into** playing games.
  내 남자친구는 게임 하는 데에 아주 푹 빠졌어.

  B My boyfriend, too. I can't get through to him when he plays games. 내 남자친구도. 걔는 게임을 하면 연락이 안 돼.

3 누구에게 관심이 있는지 물어볼 때

  A **Are** you **into** that girl? I heard that she **is into** you, too! 너 저 여자한테 빠졌냐? 내가 듣기론 저 여자도 너한테 관심이 있대!

  B Are you sure? 확실해?

run into

① 충돌하다　② (곤란한 상황 등을) 겪다, 마주치다　③ 우연히 만나다

run into는 안으로 뛰어들었다가 딱 마주친 것으로 이해하면 쉽습니다. 문제와 마주쳤다면 난처한 상황에 '처하게' 된 것이고, 사람과 마주쳤으면 '우연히 만난' 것이며, 차와 마주쳤다면 차와 '충돌한' 것이죠. 여러분은 앞으로 인생에서 무엇과 run into 하게 될까요?

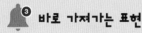

바로 가져가는 표현

- **I almost ran into a car.**
  나 하마터면 차를 박을 뻔했어(차에 부딪힐 뻔했어).

- **You will run into many problems.**
  넌 많은 문제에 부딪히게(맞닥뜨리게) 되겠지.

- **I didn't expect to run into you here.**
  난 널 여기서 만나게 될 줄은 몰랐어(전혀 예상 못 했어).

 표현 써먹기

1 차량 접촉 사고가 날 뻔한 이야기를 할 때

A This morning I almost **ran into** a car.
나 아침에 하마터면 차를 박을 뻔했어.

B You should be careful! 조심해야지!

2 큰 도전을 앞둔 사람을 격려할 때

A I decided to start up my business.
난 내 사업을 시작하기로 결심했어.   * start up ~을 시작하다

B You will **run into** many problems. But you can get through them.
넌 많은 문제에 부딪히게 되겠지. 하지만 너라면 이겨낼 수 있어.

3 친구를 우연히 만났을 때

A Hey, Young! What are you doing here?
야, 영아! 너 여기서 뭐 해?

B OMG! I didn't expect to **run into** you here!
헐! 널 여기서 만나게 될 줄은 몰랐어!

deal with

① (문제를) 다루다, 처리하다

② (사람을) 상대하다

③ (감정을) 잘 다스리다

친구들과 종종 "딜하자"라는 말을 하죠? 이 '딜'이 영어의 deal입니다. 명사일 때는 '거래', 동사일 때는 '다루다', '처리하다'라는 뜻으로 쓰이죠. with는 '함께 하는' 속성을 갖는 전치사로, deal 뒤에 'with+대상'이 오면 함께 오는 대상을 다루는 것입니다. 따라서 그 대상이 문제나 사건이면 그것을 '처리(해결)하는' 것이고, 스트레스나 감정이면 그것을 '다스리거나 추스르는' 것이며, 사람이면 그 사람을 적절하게 '다루고 상대하는' 것이 되죠.

· **I have something to deal with.**
난 처리해야 할 일이 남았어.

· **I'll deal with the customer.**
제가 그 고객을 상대할게요(고객 일을 처리할게요).

· **How do you deal with stress?**
넌 어떻게 스트레스를 풀어(다스리니)?

🔵 표현 써먹기

1 처리할 일이 남았음을 말할 때

A Why don't you get off work?
왜 퇴근 안 해?

B I have something to **deal with**.
난 처리해야 할 일이 남았어.

2 고객 응대를 맡겠다고 할 때

A One customer wants to get a refund.
한 고객께서 환불을 바라세요.

B OK, I'll **deal with** the customer.
알겠어요. 제가 그 고객을 상대할게요.

3 스트레스 해소법을 묻고 답할 때

A I'm so stressed. How do you **deal with** stress?
너무 스트레스 받아. 넌 어떻게 스트레스를 풀어?

B I **deal with** stress by sleeping.
난 스트레스를 잠으로 풀어.

095.mp3

stick to

① (약속, 방침 등을) 지키다

② (하던 것을) 고수하다

③ (어렵더라도) 계속하다

　　　stick은 sticker(스티커)의 동사형으로, 어딘가에 '달라붙는' 것이고, to는 '대상/방향으로 향하는' 속성을 갖는 전치사입니다. 따라서 stick to는 어떤 일에 착 달라붙어서 떨어지지 않는 것을 연상시킵니다. stick to가 '고수하다', '계속하다', '지키다'의 뜻을 갖는 이유를 알겠죠? 원하는 만큼 영어가 팍팍 늘지 않아 지치더라도 영어 공부에 stick to 한다면 어느 날 분명히 여러분의 영어 실력은 늘어 있을 거니까 포기하지 마세요!

· **You should stick to it.**
넌 그걸 지켜야 해.

· **I just stuck to my goal.**
난 내 목표를 고수했을 뿐이야.

· **I found it hard to stick to a diet.**
난 다이어트를 계속하는 게 어렵다는 걸 알았어.

 표현 써먹기

1 **약속이나 지침을 지켜야 함을 말할 때**

A I don't want to study today.
나 오늘 공부 안 하고 싶어.

B But you promised me to! You should **stick to** it.
하지만 공부하기로 나랑 약속했잖아! 넌 그 약속을 지켜야 해.

2 **목표를 놓지 않고 끝까지 지켰음을 말할 때**

A How did you do it?
너 그거 어떻게 한 거야?

B I just **stuck to** my goal. And I did it.
난 내 목표를 고수했을 뿐이야. 그리고 해냈지.

3 **어떤 일을 끈질기게 하는 게 힘듦을 말할 때**

A You're on a diet, aren't you?
너 다이어트 중인 거 아니었어?

B I found it hard to **stick to** a diet.
난 다이어트를 계속하는 게 어렵다는 걸 알았어.

구동사 복습하기 **주어진 구동사를 우리말 문장에 맞게 알맞은 형태로 쓰세요.**

stand for

~을 의미하다, 나타내다
~을 용납하다, 참다

1 What does DIN ?

DIN이 의미하는 바가 뭐야?

2 This sign "No Smoking".

이 표지는 '금연 구역'이라는 것을 나타냅니다.

3 I'm not going to his rude

attitude. 난 그의 무례한 태도를 참지 않을 거야.

get through

~와 연락이 닿다 (to)
헤쳐 나가다, 이겨내다
~을 끝내다 (with)

4 I couldn't to her.

난 그녀랑 연락이 닿지 않았어.

5 You will it.

넌 이겨낼 거야.

6 I'm going to with this

work by 8 pm. 난 저녁 8시까지 이 일을 끝낼 거야.

be into

~에 흥미가 있다,
~에 푹 빠지다

7 not really musicals.

난 뮤지컬에는 큰 관심 없어.

8 My boyfriend totally playing

games. 내 남자친구는 게임 하는 데에 아주 푹 빠졌어.

9 you that girl?

너 저 여자한테 빠졌냐(관심 있어)?

run into

충돌하다
(곤란한 상황 등을) 겪다,
마주치다
우연히 만나다

10 I almost _____ a car.

나 하마터면 차를 박을 뻔했어(차에 부딪힐 뻔했어).

11 You will _____ many problems.

넌 많은 문제에 부딪히게(맞닥뜨리게) 되겠지.

12 I didn't expect to _____ you here.

난 널 여기서 만나게 될 줄은 몰랐어(전혀 예상 못 했어).

deal with

(문제를) 다루다, 처리하다
(사람을) 상대하다
(감정을) 잘 다스리다

13 I have something to _____.

난 처리해야 할 일이 남았어.

14 I'll _____ the customer.

제가 그 고객을 상대할게요(고객 일을 처리할게요).

15 How do you _____ stress?

넌 어떻게 스트레스를 풀어(다스리니)?

stick to

(약속, 방침 등을) 지키다
(하던 것을) 고수하다
(어렵더라도) 계속하다

16 You should _____ it. 넌 그걸 지켜야 해.

17 I just _____ my goal.

난 내 목표를 고수했을 뿐이야.

18 I found it hard to _____ a diet.

난 다이어트를 계속하는 게 어렵다는 걸 알았어.

★구동사 복습하기의 영어 문장을 듣고 따라 말해 보세요.

096.mp3

구동사로 대화하기 다음 A, B 대화를 보고 빈칸의 문장을 알맞게 완성하세요.

1
A: **Wow! He is so rude. Can you** ?

와! 저 남자 진짜 무례하다. 넌 저게 용납돼?

B: **No, I'm** .

아니, 난 그의 무례한 태도를 참지 않을 거야.

2
A: **It's going to be hard, isn't it?** 어렵겠지, 아무래도?

B: **It will.** .

그럴 거야. 하지만 넌 이겨낼 거야.

3
A: **My boyfriend** .

내 남자친구는 게임 하는 데에 아주 푹 빠졌어.

B: **My boyfriend, too. I can't get through to him when he plays games.** 내 남자친구도. 걔는 게임을 하면 연락이 안 돼.

4
A: **Hey, Young! What are you doing here?** 야, 영아! 너 여기서 뭐 해?

B: **OMG!** !

헐! 널 여기서 만나게 될 줄은 몰랐어!

5
A: **I'm so stressed.** ?

너무 스트레스 받아. 넌 어떻게 스트레스를 풀어?

B: **by sleeping.**

난 스트레스를 잠으로 풀어.

6
A: **How did you do it?** 너 그거 어떻게 한 거야?

B: **. And I did it.**

난 내 목표를 고수했을 뿐이야. 그리고 해냈지.

★구동사로 대화하기의 대화를 듣고 따라 말해 보세요.

097.mp3

표현 확장하기 주어진 우리말 문장에 맞게 영어 문장을 써 보세요.

1   HBD는 무슨 의미야?

                                                                                                                        ?

2   내 남동생한테 연락이 닿지 않았어. (couldn't)

     I   .

3   난 너한테 관심 없어.

                                                                                                                        .

4   나 오늘 아침에 어떤 차를 박았어.

                                                                                                                        .

5   그 고객은 내가 봐 드렸어(내가 그 고객 일을 처리했어).

                                                                                                                        .

6   난 내 목표를 고수할 거야.

                                                                                                                        .

7   난 그의 무례한 태도를 참을 수 없었어.

                                                                                                                        .

8   어렸을 때 난 많은 문제를 마주쳤어.

     When I   .

098.mp3

★표현 확장하기의 영어 문장을 듣고 따라 말해 보세요.

많이 쓰는 영어 줄임말엔 뭐가 있을까?

우리가 많이 쓰는 '얼죽아(얼어 죽어도 아이스 아메리카노)'나 '꾸안꾸(꾸민 듯 안 꾸민 듯)'처럼, 영어에도 다양한 줄임말이 있습니다. 영어 원어민이 많이 쓰는 줄임말과 그 의미를 알아볼까요?

- What does **DIN** stand for? → **Do It Now** 지금 당장 해

- What does **ASAP** stand for? → **As Soon As Possible** 가능한 한 빨리

- What does **BTW** stand for? → **By The Way** 그나저나

- What does **IDC** stand for? → **I Don't Care** 난 상관 없어/신경 안 써

- What does **FYI** stand for? → **For Your Information** 덧붙이자면

- What does **HBD** stand for? → **Happy Birthday** 생일 축하해

- What does **DM** stand for? → **Direct Message** 다이렉트 메시지

- What does **TBT** stand for? → **Throwback Thursday** 추억팔이

- What does **TMI** stand for? → **Too Much Information** 너무 많은 정보

- What does **OMG** stand for? → **Oh My God** 헐

- What does **IDK** stand for? → **I Don't Know** 몰라

- What does **OMW** stand for? → **On My Way** ~하는 중인/가는 길인

지금 처리하려던 차였어! get around to

집안일은 여간 귀찮은 게 아닙니다. 하기는 해야 하는데, 막상 하려고 하면 안 내키죠. 그래서 설거짓거리를 싱크대에 산처럼 쌓아 두거나 청소, 세탁을 안 하고 미루곤 합니다. 그러다가 누가 잔소리를 시작하면 욱해서 "아, 그렇잖아도 하려고 했어!"라고 말대꾸를 하죠. 그럴 때 쓸 수 있는 유용한 표현을 알려 드릴게요.

I was going to get around to that!
나 그거 하려던 참이었어!

Stop nagging! I'll get around to it!
잔소리 좀 그만해! 내가 (그거) 할게!

around(주변에, 주위에)는 '손 닿을 만큼 가까운 거리나 공간'임을 나타냅니다. 설거짓거리가 손 닿을 만한 곳에 있다면 설거지를 할 수 있고, 청소기가 손 닿을 만한 곳에 있다면 청소를 할 수 있죠. 그래서 get around to에는 '평소 미루던 것을 하다', '(미루던 일을) 할 시간을 내다'라는 뜻이 생깁니다. 쉽게 말해서, 단순히 do 하는 게 아니라 <u>염두에 두던 일을</u> do 하는 것으로 기억해 두세요.

오늘 집안일 할 것들이 있다면 get around to 해 보는 것은 어떨까요? 귀찮지만 생각보다 금방 끝날지도 모릅니다!

CHAPTER 8

OVER

- ☐ **come over**
- ☐ **have over**
- ☐ **be over**
- ☐ **get over**
- ☐ **start over**
- ☐ **look over**
- ☐ **go over**
- ☐ **take over**

'선을 넘는' 속성 여기서 저기로 넘어감

OVER

미니강의 08

'넘는', '너머로'라는 의미의 over를 책의 가장 마지막 장에 둔 이유가 있습니다. over의 기본 속성과 연결되기 때문이죠. 그것은 바로 **선을 넘는** 것입니다.

함부로 선을 넘는 사람을 보고 흔히 "오버하네"라고 말합니다. over는 항상 선을 넘습니다. 그런데 여기서 **전체**의 속성이 나옵니다. 무슨 말이냐고요? 이렇게 생각해 보세요. 면은 무수한 선으로 이루어져 있는데, 면을 이루는 선들 위로 넘어 다니다 보면 결국 그 면 전체를 다 덮게 됩니다. 이렇게 생각하면 왜 over의 속성이 '전체'인지 이해할 수 있을 겁니다. 그래서인지 몰라도, cover(덮다)라는 단어에는 'over'가 들어가 있습니다.

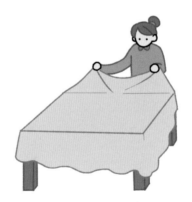

over의 이 속성을 잘 드러내는 예문을 하나 보겠습니다.

- **Please read over this paper.**
  이 서류 좀 봐 주세요.

이 예문에서 over가 빠져도 의미 전달에는 문제가 없습니다. 하지만 over가 들어가서 paper(서류)의 면을 이루는 선들 위로 넘어 다니며 그 면 '전체'를 봐달라는 의미를 더욱 생생히 전달할 수 있습니다.

두 번째로 다루고자 하는 over의 속성은 **끝**입니다. 선을 넘는다는 것은 관계나 이벤트가 끝났다는 느낌을 주죠. 그래서 종종 이런 말을 하곤 합니다. "너 선을 넘었어! 우린 이제 끝 이야!" 이 말을 영어로는 다음처럼 말할 수 있어요. You crossed the line! It's over!

그리고 수업이 끝났을 때 선생님이 학생들에게 이렇게 이야기합니다.

- **The class is over!**
  수업 끝났습니다!

over의 세 번째 속성은 재미있게도 **시작**입니다. 끝을 '넘는다'는 것은 새로운 시작을 의미합니다.

끝　　　　　시작

이 책에서는 over가 가장 마지막 챕터로 나오지만, over로 이루어진 구동사까지 공부하고 나면 그때부터 여러분의 영어는 새롭게 시작될 겁니다!

come over

① (집으로) 놀러 오다/가다 ② 들르다, 건너오다

집은 담이나 벽, 문으로 경계가 쳐진 공간인데 그 경계(선)를 넘나드는 것이므로 come over는 '(집으로) 놀러 오다(가다)'라는 뜻이 됩니다. 문맥상 자기가 있는 장소로 '들르거나 건너오라'는 의미도 되죠. 심심하면 친구에게 전화해서 이렇게 말해 보세요. Come over!

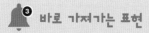
❸ 바로 가져가는 표현

> · **Can I come over to your place?**
> 너희 집에 놀러 가도 돼?
>
> · **Do you want to come over?**
> 우리 집에 놀러 올래?
>
> · **We're at the pub. Come over here.**
> 우린 술집에 있어. 여기로 건너와.   * **pub** 펍(술뿐만 아니라 음식도 파는 술집)

 표현 써먹기

1   친구 집에 놀러 가도 되는지 물을 때

   A   I'm bored. Can I **come over** to your place?
      나 심심한데, 너희 집에 놀러 가도 돼?

   B   Maybe later. I have a test tomorrow.
      다음에. 나 내일 시험 있어.

2   사람을 집으로 초대할 때

   A   Do you want to **come over**? I'll pick you up.
      우리 집에 놀러 올래? 내가 데리러 갈게.

   B   That sounds like a plan.
      좋은 생각이야.   * **sounds like a plan** 좋은 계획(생각)이다

3   내가 있는 곳으로 친구를 부를 때

   A   Where are you guys?
      너네 어디야?

   B   We're at the pub. **Come over** here.
      우린 술집에 있어. 여기로 건너와.

have over

① (집에/손님으로) 초대하다

come over가 놀러 가거나 놀러 오는 거라면 have over는 놀러 오게 '초대하는' 것입니다. 미국은 집에서 파티를 자주 여는데, 집에 도착하면 초대해 준 집주인에게 Thanks for having me over!라고 인사를 건네는 게 예의입니다. 이 표현을 잘 외워 두었다가 집에 초대받았을 때 꼭 써 보세요.

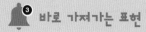

바로 가져가는 표현

- **Thanks for having me over.**
  날 초대해 줘서 고마워.

- **Mom, can I have my friends over?**
  엄마, 제 친구들 초대해도 돼요?

- **I'll have you over for dinner soon.**
  조만간 널 저녁 식사에 초대할게.

표현 써먹기

1 집에 초대한 집주인에게 감사 인사를 할 때

  A Thank you for coming! Come on in.
    와 줘서 고마워! 들어와.

  B Thanks for **having** me **over**. I got you a gift.
    날 초대해 줘서 고마워. 선물을 가져왔어.

2 친구들을 초대하고 싶을 때

  A Mom, can I **have** my friends **over**?
    엄마, 제 친구들 초대해도 돼요?

  B Sure! But promise me to clean up your room.
    그럼! 다만 방 청소를 깨끗이 하겠다고 약속하렴.

3 누구를 집에 초대하겠다고 말할 때

  A I'll **have** you **over** for dinner soon.
    조만간 널 저녁 식사에 초대할게.

  B That would be nice.
    좋지.

be over

① 끝나다   ② 관심이 없어지다, (누구를) 잊다

over의 속성 중 하나는 '끝'으로, 어떤 대상에 더 이상 관심이 없어지거나 수업, 파티 등이 끝났을 때 be over를 씁니다. over의 기본 속성인 '선을 넘는'으로 생각해도 be over의 의미를 쉽게 이해할 수 있습니다. 정해진 수업 시간이라는 선을 넘고, 흥미나 관심의 선을 넘는다는 것은 다 끝났다는 의미죠.

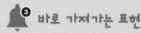

바로 가져가는 표현

· **It's over. I'm over you.**
다 끝났어. 난 더 이상 네게 관심 없어(난 널 잊었어).

· **Let's go home. The party is over.**
집에 가자. 파티는 끝났어.

· **I'm over it now.**
나 지금은 그거에 별 관심 없어.

표현 써먹기

1 이별을 통보할 때

A I'm sorry, honey. I'll never do that again.
자기야, 미안해. 다시는 안 그럴게.

B No. It's over. I'm over you.
아니. 다 끝났어. 난 더 이상 네게 관심 없어.

2 파티가 끝났음을 말할 때

A Let's go home. The party is over.
집에 가자. 파티는 끝났어.

B It was a good party.
좋은 파티였어.

3 지금은 별 관심이 없다고 말할 때

A When I was little, I really liked playing games. But I'm over it now. 어렸을 때 난 게임 하는 걸 정말 좋아했어. 그런데 지금은 별 관심 없어.

B Really? I'm still a big fan of games.
정말? 난 아직도 게임광인데.

get over

① (병에서) 회복하다, 낫다   ② 잊다, 극복하다

get over는 over(넘은) 상태를 get(얻다, 가지다)하는 것이기에 병을 이겨내거나 어려움 또는 마음의 상처 등을 극복해 낸 느낌을 생생히 전달할 수 있습니다. 이별의 아픔에서 헤어 나왔을 때도 쓸 수 있죠. 마음의 상처를 극복하고 난 뒤 주변 사람들에게 이렇게 말해 보세요. I got over it(나 다 잊었어)!

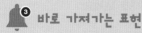 바로 가져가는 표현

- **I got over my cold.**
  나 감기 다 나았어.

- **It's too hard to get over her.**
  그녀를 잊기가 너무 힘들어(못 잊겠어).

- **You will get over it soon.**
  넌 금방 극복할 거야.

 표현 써먹기

1 병이 다 나았다고 말할 때

A I heard you got a cold. Are you OK?
너 감기 걸렸다고 들었어. 괜찮아?

B I **got over** my cold. I'm fine now.
나 감기 다 나았어. 이제 괜찮아.

2 헤어진 상대를 잊기 힘들다고 말할 때

A Why don't you move on?
이제 네 삶을 사는 게 어때?

B I really want to, but it's too hard to **get over** her.
나도 정말 그러고 싶지만, 그녀를 잊기가 너무 힘들어.

3 힘든 상황의 친구를 위로할 때

A I got hurt and it hurts a lot.
상처 받아서 너무 아파.

B You will **get over** it soon. Time heals all wounds.
넌 금방 극복할 거야. 시간이 약이니까.   * **time heals all wounds** 시간이 약이다

▶

구동사 복습하기 주어진 구동사를 우리말 문장에 맞게 알맞은 형태로 쓰세요.

---

come over

(집으로) 놀러 오다/가다
들르다, 건너오다

1 Can I   to your place?

너희 집에 놀러 가도 돼?

2 Do you want to   ?

우리 집에 놀러 올래?

3 We're at the pub.

here.

우린 술집에 있어. 여기로 건너와.

---

have over

(집에/손님으로) 초대하다

4 Thanks for   me   .

날 초대해 줘서 고마워.

5 Mom, can I   my friends   ?

엄마, 제 친구들 초대해도 돼요?

6 I'll   you   for dinner soon.

조만간 널 저녁 식사에 초대할게.

---

be over

끝나다
관심이 없어지다,
(누구를) 잊다

7   .

                 you.

다 끝났어. 난 더 이상 네게 관심 없어.

8 Let's go home. The party   .

집에 가자. 파티는 끝났어.

9   it now.

나 지금은 그거에 별 관심 없어.

get over

(병에서) 회복하다, 낫다
잊다, 극복하다

10 I   my cold.

나 감기 다 나았어.

11 It's too hard to   her.

그녀를 잊기가 너무 힘들어(못 잊겠어).

12 You will   it soon.

넌 금방 극복할 거야.

★구동사 복습하기의 영어 문장을 듣고 따라 말해 보세요.

103.mp3

구동사로 대화하기 다음 A, B 대화를 보고 빈칸의 문장을 알맞게 완성하세요.

1   A: **I'm bored.** ?
        나 심심한데, 너희 집에 놀러 가도 돼?

       B: **Maybe later. I have a test tomorrow.**
        다음에. 나 내일 시험 있어.

2   A: **Mom,** ?
        엄마, 제 친구들 초대해도 돼요?

       B: **Sure! But promise me to clean up your room.**
        그럼! 다만 방 청소를 깨끗이 하겠다고 약속하렴.

3   A: **I'm sorry, honey. I'll never do that again.**
        자기야, 미안해. 다시는 안 그럴게.

       B: **No.** . .
        아니. 다 끝났어. 난 더 이상 네게 관심 없어.

4   A: **Why don't you move on?** 이제 네 삶을 사는 게 어때?

       B: **I really want to, but** .
        나도 정말 그러고 싶지만, 그녀를 잊기가 너무 힘들어.

5   A: **I got hurt and it hurts a lot.**
        상처 받아서 너무 아파.

       B: **. Time heals all wounds.**
        넌 금방 극복할 거야. 시간이 약이니까.

104.mp3

★**구동사로 대화하기**의 대화를 듣고 따라 말해 보세요.

▶

표현 확장하기 주어진 우리말 문장에 맞게 영어 문장을 써 보세요.

1   우리 집에 놀러 와도 돼.

   You   .

2   난 친구들을 집에 초대하고 싶지 않아.

                                                                          .

3   난 더 이상 그에게 관심 없어. (be동사)

                                                                          .

4   나 차멀미 다 나았어. (car sickness)

                                                                          .

5   내가 거기 들를게.

                                                                          .

6   내가 그를 초대했어.

                                                                          .

7   끝난 거야? (it)

                                                                        ?

8   넌 그녀를 잊었니? (get)

                                                                        ?

★표현 확장하기의 영어 문장을 듣고 따라 말해 보세요.

105.mp3

106.mp3

start over

① (처음부터) 다시 시작하다

over에는 '끝'과 '시작'의 속성이 있다고 했습니다. 그 속성을 제대로 드러내는 구동사가 start over입니다. start는 '시작하다'라는 뜻의 동사인데, over가 붙어서 '완료라는 선을 넘어 새로 시작하는' 의미를 갖게 되는 거죠. start over는 일이나 행동뿐만 아니라 사람 사이의 관계에서도 종종 쓰이는데, 이별했다가 다시 만나는 것도 start over라고 합니다.

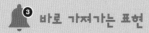
- **Is it late to start over?**
  다시 시작하기에는 늦었나?

- **You can start over. Don't give up.**
  넌 다시 시작할 수 있어. 포기하지 마.

- **Can we start over again?**
  우리 다시 시작할 수 있을까?

표현 써먹기

1 다시 시작하는 게 망설여질 때

A I'm pretty old. Is it late to **start over**?
난 꽤 나이를 먹었어. 다시 시작하기에는 늦었나?

B No, you're never too old to **start over**.
아니, 다시 시작하기에 절대 늦지 않았어.   * **pretty** 꽤, 매우

2 포기하려는 친구를 격려할 때

A I failed again. I think I should give up.
나 또 실패했어. 이젠 포기하는 게 낫겠어.

B You can **start over**. Don't give up! You're almost
there. 넌 다시 시작할 수 있어. 포기하지 마! 거의 다 왔어.

3 재결합할 수 있을지 물을 때

A Can we **start over** again?
우리 다시 시작할 수 있을까?

B No, we can't. I'm already over you.
아니, 안 돼. 난 이미 너를 잊었어.

107.mp3

look over

① 바라보다　② (대충) 훑어보다, 살피다, 검토하다

over의 기본 뜻은 '너머로'입니다. 그래서 look over라고 하면 어디 너머를 '바라보다'라는 뜻을 갖습니다. 그런데 over에는 '전체' 의 속성이 있죠. 따라서 look over는 전체를 보는 것도 의미하는데, 보통 전체를 볼 때는 대충 훑어보잖아요? 이 때문에 look over는 '훑 어보다', '(대충) 살펴보다', '(빨리) 검토하다'라는 뜻으로도 쓰입니다.

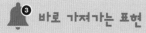
· **Hey, look over there!**
야, 저기 좀 봐!

· **We'd like to look over the menu first.**
먼저 메뉴부터 볼게요.

· **Can you look over my report?**
내 보고서 좀 검토해 줄래(봐 줄래)?

표현 써먹기

1 상대에게 어디를 보라고 할 때

A Hey, **look over** there! There is a kitten.
야, 저기 좀 봐! 새끼 고양이가 한 마리 있어.

B Aww... so cute.
아... 너무 귀여워.

2 식당에서 메뉴를 보겠다고 말할 때

A May I take your order?
주문하시겠어요?

B We'd like to **look over** the menu first.
먼저 메뉴부터 볼게요.

3 서류 등의 검토를 부탁할 때

A Can you **look over** my report?
내 보고서 좀 검토해 줄래(봐 줄래)?

B OK, let me see.
물론이지. 어디 보자.

go over

① (꼼꼼히) 살펴보다, 검토하다   ② 넘어가다, 건너다

go over를 문자 그대로 해석하면 '(어디) 너머로 건너가다'라는 뜻입니다. 그렇다면 문서나 계획 등을 go over 한다는 건 무슨 뜻일까요? 이때의 over는 '전체'의 속성으로 해석해야 합니다. 문서나 계획 전체를 이리저리 건너가면서 보는 것이니 '꼼꼼하게 검토하다(살펴보다)'의 의미를 갖습니다. go over는 look over보다 전체를 더 세세하게 보는 것입니다. 회사에서 자주 쓰는 표현으로, 보고서를 내기 전에 전체적으로 꼼꼼히 살펴보고 검토할 때 go over 한다고 합니다.

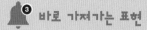
· **Can you go over it for me?**
(저를 위해) 이것 좀 검토해 주실래요?

· **We went over the plan, and it's a good one.** 우리가 그 계획을 살펴봤는데, 괜찮은 계획이더라고.

· **Don't go over there.**
저쪽으로 넘어가지 마.

 표현 써먹기

1 세세한 검토를 부탁할 때

A Can you **go over** it for me?
이것 좀 검토해 주실래요?

B No problem. Come tomorrow.
그러죠. 내일 오세요.

2 계획 등을 자세히 살펴봤다고 말할 때

A Did you **go over** the plan?
그 계획 꼼꼼히 검토해 봤어?

B Sure. We **went over** the plan, and it's a good one.
물론이지. 우리가 그 계획을 살펴봤는데, 괜찮은 계획이더라고.

3 위험한 곳에 가지 말라고 경고할 때

A Look over there! There are lots of beautiful flowers.
저기 봐 봐! 아름다운 꽃이 많아.

B Don't **go over** there. It's dangerous.
저쪽으로 넘어가지 마. 위험해.

take over

① (남이 하던 일을 대신) 맡다, 인계받다

take over는 control(지배, 통제)과 연결하면 기억하기 쉽습니다. 남이 하던 control을 내가 대신 control 하게 되는 것이 take over 입니다. 그래서 '(정권 등을) 장악하다(빼앗다)'라는 뜻도 있지만, 일상 에서는 '(어떤 일을 대신) 맡다', '인수하다', '인계받다'의 뜻으로 많이 씁니다. 동료한테 일 좀 대신 맡아 달라고 할 때 Can you take over for me(나 대신 맡아 줄 수 있어)?라고 물어보세요. 몇 손가락 안에 드는 아주 유용 한 표현입니다.

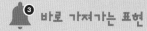
- **Let me take over.**
  내가 대신 맡을게(맡아서 할게).
- **Can you take over for me?**
  내 일 좀 맡아 줄래?
- **You will take over the position.**
  당신은 그 자리를 인계받을 거예요.

 표현 써먹기

1 동료의 일을 대신해 주겠다고 할 때

A Whatever you're working on over here, let me **take over.** 여기서 네가 하는 작업이 뭐든 간에 내가 대신 맡을게(맡아서 할게).

B Thanks a lot.
정말 고마워.

2 동료에게 일을 맡기려고 부탁할 때

A Something has just come up. Can you **take over** for me? 방금 무슨 일이 생겼어. 내 일 좀 맡아 줄래?

B Don't worry. Take your time.
걱정하지 마. 여유 있게 다녀와.

3 어떤 자리나 업무를 인수할 거라고 알릴 때

A You've got promoted. You will **take over** the position. 당신이 승진했어요. 당신은 그 자리를 인계받을 거예요.

B I'm so excited. 정말 기대됩니다.

▶

구동사 복습하기 주어진 구동사를 우리말 문장에 맞게 알맞은 형태로 쓰세요.

---

start over

(처음부터) 다시 시작하다

1 **Is it late to** _____ **?**

다시 시작하기에는 늦었나?

2 **You can** _____ **. Don't give up.**

넌 다시 시작할 수 있어. 포기하지 마.

3 **Can we** _____ **again?**

우리 다시 시작할 수 있을까?

---

look over

바라보다
(대충) 훑어보다, 살피다,
검토하다

4 **Hey,** _____ **there!**

야, 저기 좀 봐!

5 **We'd like to** _____ **the menu first.**

먼저 메뉴부터 볼게요.

6 **Can you** _____ **my report?**

내 보고서 좀 검토해 줄래(봐 줄래)?

---

go over

(꼼꼼히) 살펴보다,
검토하다
넘어가다, 건너다

7 **Can you**   **it for me?**

(저를 위해) 이것 좀 검토해 주실래요?

8 **We**   **the plan, and it's a good one.**

우리가 그 계획을 살펴봤는데, 괜찮은 계획이더라고.

9 **Don't**   **there.**

저쪽으로 넘어가지 마.

take over

(남이 하던 일을 대신)
맡다, 인계받다

10 **Let me**   **.**

내가 대신 맡을게(맡아서 할게).

11 **Can you**   **for me?**

내 일 좀 맡아 줄래?

12 **You will**   **the position.**

당신은 그 자리를 인계받을 거예요.

★구동사 복습하기의 영어 문장을 듣고 따라 말해 보세요.

110.mp3

구동사로 대화하기 다음 A, B 대화를 보고 빈칸의 문장을 알맞게 완성하세요.

1　A: I failed again. I think I should give up.

　　나 또 실패했어. 이젠 포기하는 게 낫겠어.

　　B: ＿＿＿＿＿＿＿＿＿＿＿＿＿＿＿＿. Don't give up! You're almost there.

　　넌 다시 시작할 수 있어. 포기하지 마! 거의 다 왔어.

2　A: May I take your order? 주문하시겠어요?

　　B: We'd ＿＿＿＿＿＿＿＿＿＿＿＿＿＿＿＿ first.

　　먼저 메뉴부터 볼게요.

3　A: Can ＿＿＿＿＿＿＿＿＿＿＿＿＿＿＿＿?

　　(저를 위해) 이것 좀 검토해 주실래요?

　　B: No problem. Come tomorrow.

　　그러죠. 내일 오세요.

4　A: Look over there! There are lots of beautiful flowers.

　　저기 봐 봐! 아름다운 꽃이 많아.

　　B: ＿＿＿＿＿＿＿＿＿＿＿＿＿＿＿＿. It's dangerous.

　　저쪽으로 넘어가지 마. 위험해.

5　A: Something has just come up. ＿＿＿＿＿＿＿＿＿＿＿＿＿＿＿＿? 방금 무슨 일이 생겼어. 내 일 좀 맡아 줄래?

　　B: Don't worry. Take your time.

　　걱정하지 마. 여유 있게 다녀와.

★**구동사로 대화하기**의 대화를 듣고 따라 말해 보세요.

111.mp3

▶

표현 확장하기 주어진 우리말 문장에 맞게 영어 문장을 써 보세요.

1 다시 시작하기에는 너무 늦었어. (too ~ to)

.

2 난 어젯밤에 너의 보고서를 훑어봤어.

.

3 이 계획을 꼼꼼하게 살펴봐 줄 수 있어?

Can you   ?

4 네가 나 대신 맡아서 해 줄래? (for)

Will   ?

5 여기 봐 봐!

!

6 우리 이거 함께 꼼꼼히 검토하는 게 어때? (why, this)

?

7 내가 그 프로젝트를 인계받았어.

.

8 난 우리가 다시 시작할 수 있을 거라고 생각하지 않아.

.

★표현 확장하기의 영어 문장을 듣고 따라 말해 보세요.

112.mp3

ANSWERS

If you run into a wall, don't give up.
벽에 부딪히게 되어도 포기하지 마세요.

If we stick to it long enough, we can do anything.
우리가 충분히 오래 버틴다면, 우리는 무엇이든 해낼 수 있습니다.

You always have a chance to start over.
당신에게는 언제나 다시 시작할 기회가 있어요.

CHAPTER 1 | ON

pp. 34~37 ● EXERCISE 1~3

▶ EXERCISE 1 | 구동사 복습하기

1   I want to <u>go on</u> a trip.
2   What's <u>going on</u> here?
3   <u>Go on</u> talking.
4   Should I <u>put on</u> a shirt?
5   I like <u>putting on</u> makeup.
6   I think you've <u>put on</u> some weight.
7   Can you <u>turn on</u> the light?
8   So I couldn't <u>turn</u> it <u>on</u>.
9   Her beautiful voice <u>turns</u> me <u>on</u>.
10 Can we <u>move on</u> to the next step?
11 Could you forgive me and <u>move on</u>?
12 It's time to <u>move on</u>!
13 <u>Get on</u> the bus.
14 How are you <u>getting on</u> in Vancouver?
15 I'm trying to <u>get on</u> with my boss.

▶ EXERCISE 2 | 구동사로 대화하기

1   I want to go on a trip to Jeju Island. / I always go on a business trip.
2   I like putting on makeup.
3   So I couldn't turn it on.
4   It's time to move on!
5   Get on the bus.

▶ EXERCISE 3 | 표현 확장하기

1   I will go on a honeymoon someday.
2   Should I put on a mask?
3   Can you turn on the speaker?
4   Could you forgive him and move on?
5   How are you getting on in Paris?
6   Do you think I've put on weight?
7   What was going on here?
8   I get on with my boss these days.

▶ **EXERCISE 1 | 구동사 복습하기**

   1   Can I <u>count on</u> you?

   2   I'm <u>counting on</u> you to make it.

   3   I have kids and they're <u>counting on</u> me.

   4   You're <u>cheating on</u> me, aren't you?

   5   I can't figure out why people <u>cheat on</u> their partners.

   6   I <u>cheated on</u> a test and feel bad.

   7   <u>Hold on</u>.

   8   Can you <u>hold on</u> a second?

   9   I can't <u>hold on</u> anymore.

  10   What are you <u>working on</u>?

  11   But I'm <u>working on</u> it.

  12   I'm <u>working on</u> him to come to the party.

▶ **EXERCISE 2 | 구동사로 대화하기**

   1   I'm counting on you to make it.

   2   You're cheating on me, aren't you?

   3   Hold on.

   4   What are you working on? / I'm working on my report.

   5   But I'm working on it.

▶ **EXERCISE 3 | 표현 확장하기**

   1   I can't count on him.

   2   I didn't cheat on the test.

   3   I don't think I can hold on anymore.

   4   What were you working on?

   5   My family is counting on me.

   6   Can you figure out why people cheat on their partners?

   7   I can hold on for a second.

   8   Are you working on her to do it?

CHAPTER 2 | OFF

▶ **EXERCISE 1 | 구동사 복습하기**

   1   I'm <u>off</u> tomorrow.

   2   Where <u>are</u> you <u>off</u> to?

   3   I'm <u>off</u> to work.

4 The ring won't <u>come off</u>.

5 The dinner party <u>came off</u>.

6 Sadly, the meeting didn't <u>come off</u> well.

7 I <u>paid off</u> all my debts today!

8 Your hard work will <u>pay off</u>.

9 Their hard training <u>paid off</u>.

10 My children <u>went off</u> to school.

11 The alarm didn't <u>go off</u> this morning, so I'm late.

12 If you press the button, the bomb will <u>go off</u>.

13 Can you <u>turn off</u> the light?

14 I don't think I <u>turned off</u> the heater.

15 His rude attitude <u>turned</u> me <u>off</u>.

16 <u>Take off</u> your coat and make yourself at home.

17 Our plane is about to <u>take off</u>.

18 He just <u>took off</u> to catch her.

▶ **EXERCISE 2 | 구동사로 대화하기**

1 I'm off to work.

2 Sadly, the meeting didn't come off well.

3 Your hard work will pay off.

4 My children went off to school. / I'm going off to get some coffee.

5 His rude attitude turned me off.

6 Our plane is about to take off.

▶ **EXERCISE 3 | 표현 확장하기**

1 I'm off to Paris.

2 It won't come off.

3 I'll pay off all my debts today.

4 The alarm will go off tomorrow morning.

5 Can you turn off the monitor?

6 Take off your shoes and come in.

7 Your hard work will pay off soon.

8 The plane took off on time.

pp. 82~85 ● **EXERCISE 1~3**

▶ **EXERCISE 1 | 구동사 복습하기**

1 I'm calling to <u>put off</u> the meeting.

2 Why don't we <u>put</u> that <u>off</u>?

3 You can <u>put</u> the appointment <u>off</u> until tomorrow.

4 We <u>called off</u> the wedding.

5 The concert was <u>called</u> <u>off</u> because of the virus.

6 Why don't we <u>call</u> <u>off</u> the party?

7 I'm <u>getting</u> <u>off</u> at the next stop.

8 I'm already dying to <u>get</u> <u>off</u> work.

9 What time do you usually <u>get</u> <u>off</u> work?

10 Be careful not to be <u>ripped</u> <u>off</u>.

11 Why do they always <u>rip</u> <u>off</u> other works?

12 You got <u>ripped</u> <u>off</u>.

13 Stop <u>showing</u> <u>off</u>!

14 I want to <u>show</u> <u>off</u> my new car to people.

15 He likes to <u>show</u> <u>off</u>, doesn't he?

▶ EXERCISE 2 | 구동사로 대화하기

1 You can put the appointment off until tomorrow. / Then I will put it off.

2 The concert was called off because of the virus.

3 I'm already dying to get off work.

4 You got ripped off.

5 Stop showing off!

▶ EXERCISE 3 | 표현 확장하기

1 I'm calling to put off the appointment.

2 We're going to call off the party.

3 I get off work at 6 pm today.

4 I got ripped off.

5 I want to show off my new shoes to my friends.

6 Are you going to get off at the next stop?

7 The concert will be called off.

8 He shows off too much.

CHAPTER 3 | OUT

pp. 102~105 ● **EXERCISE 1~3**

▶ EXERCISE 1 | 구동사 복습하기

1 I <u>dropped</u> <u>out</u> of university.

2 Do you want to <u>drop</u> <u>out</u> of this project?

3 Why did you <u>drop</u> <u>out</u>?

4 I want to <u>find</u> <u>out</u> what I want.

5 I <u>found</u> <u>out</u> he has a crush on me.

6 How did you <u>find</u> <u>out</u>?

7 It's easy to <u>figure</u> <u>out</u> this math problem.

8 I can't <u>figure</u> <u>out</u> why it's not working.

9 I finally <u>figured</u> <u>out</u> how to fix it.

10 We've <u>run</u> <u>out</u> of steak.

11 We're <u>running</u> <u>out</u> of time.

12 My patience <u>ran</u> <u>out</u>.

13 I think I'm <u>burned</u> <u>out</u>.

14 You will <u>burn</u> yourself <u>out</u>.

15 It all <u>burned</u> <u>out</u>.

▶ EXERCISE 2 | 구동사로 대화하기

1 Why did you drop out?

2 I found out he has a crush on me.

3 I finally figured out how to fix it.

4 My patience ran out.

5 It all burned out.

▶ EXERCISE 3 | 표현 확장하기

1 He dropped out of high school.

2 Do you want to find out what you want?

3 I figured out why it isn't working.

4 We ran out of money.

5 I think they are burned out.

6 It is not easy to figure out this problem.

7 You are running out of time.

8 I don't want to drop out of this project.

pp. 116~119 ● EXERCISE 1~3

▶ EXERCISE 1 | 구동사 복습하기

1 I'm going to <u>sort</u> <u>out</u> winter clothes.

2 We will <u>sort</u> it <u>out</u>.

3 Can you <u>sort</u> <u>out</u> the mess?

4 How did it <u>turn</u> <u>out</u>?

5 It <u>turned</u> <u>out</u> that he pretended to be rich.

6 The movie <u>turned</u> <u>out</u> to be great.

7 Can I <u>point</u> <u>out</u> one thing?

8 I just want to <u>point</u> <u>out</u> how cheap it is.

9 Can you <u>point</u> <u>out</u> spelling errors?

10 I <u>work</u> <u>out</u> twice a week.

11 Can you <u>work</u> <u>out</u> this problem?

12 It will all <u>work</u> <u>out</u> in the end.

13 I'm here to <u>check</u> <u>out</u>.

14 Please <u>check</u> <u>out</u> our website.

15 Hey, <u>check</u> this <u>out</u>!

▶ **EXERCISE 2 | 구동사로 대화하기**

1 Can you sort out the mess?

2 How did it turn out? / It turned out great.

3 Can I point out one thing?

4 It will all work out in the end.

5 Hey, check this out!

▶ **EXERCISE 3 | 표현 확장하기**

1 I'm going to sort out summer clothes this weekend.

2 It turned out that she pretended to be a princess.

3 I just want to point out how expensive it is.

4 It all worked out.

5 Are you here to check out?

6 I think we can sort it out.

7 She turned out to be kind.

8 I pointed out some spelling errors.

pp. **128~131** ● **EXERCISE 1~3**

▶ **EXERCISE 1 | 구동사 복습하기**

1 Just go and <u>ask</u> her <u>out</u>!

2 He <u>asked</u> me <u>out</u> to the movies.

3 I just want to <u>ask</u> you <u>out</u> to lunch.

4 Let's <u>go</u> <u>out</u> for a walk.

5 Will you <u>go</u> <u>out</u> with me?

6 How long have you been <u>going</u> <u>out</u>?

7 I can't <u>make</u> it <u>out</u>.

8 Can you <u>make</u> <u>out</u> what she's saying?

9 Did you <u>make</u> <u>out</u> with him?

10 When does your book <u>come</u> <u>out</u>?

11 It <u>came</u> <u>out</u> that he lied to me.

12 It just <u>came</u> <u>out</u> wrong.

▶ **EXERCISE 2 | 구동사로 대화하기**

1 He asked me out to the movies!

2 Will you go out with me?

3   I can't make it out.

4   It came out that he lied to me.

5   Did you make out with him?

▶ EXERCISE 3 | 표현 확장하기

1   I asked her out to lunch.

2   We have been going out for 200 days.

3   I can't make out what she's saying.

4   My book finally came out.

5   I don't want to go out with you.

6   I didn't make out with him.

7   It came out that he is not rich.

8   I want to ask him out to the movies.

CHAPTER 4 | IN

pp. 150~153 ● EXERCISE 1~3

▶ EXERCISE 1 | 구동사 복습하기

1   Don't <u>jump in</u>.

2   Many people <u>jump in</u> on the stock market these days.

3   Do you want to <u>jump in</u>?

4   Do you <u>believe in</u> God?

5   I <u>believe in</u> fate.

6   You should <u>believe in</u> yourself.

7   Can we just <u>pop in</u> the store?

8   I just <u>popped in</u> to see you.

9   Feel free to <u>pop in</u>!

10   May I <u>cut in</u>?

11   You just <u>cut in</u> line.

12   The car <u>cut in</u> right in front of us.

13   I know it's a lot to <u>take in</u>.

14   You don't have to <u>take</u> everything <u>in</u>.

15   I <u>took in</u> this puppy.

16   <u>Fill in</u> the blanks, please.

17   Should I <u>fill in</u> my phone number?

18   I'll <u>fill in</u> for you.

▶ EXERCISE 2 | 구동사로 대화하기

1   Don't jump in.

2   I believe in you. You should believe in yourself.

3   When you come to my neighborhood, feel free to pop in.

4   May I cut in?

5   You don't have to take everything in.

6   Should I fill in my phone number?

▶ EXERCISE 3 | 표현 확장하기

1   My parents jumped in on the stock market.

2   I don't believe in ghosts, but I believe in God.

3   He popped in to see me.

4   A bus cut in right in front of us.

5   It's not difficult to take in.

6   I filled in all the blanks.

7   I want to jump in the discussion.

8   I took in this kitten yesterday.

CHAPTER 5 | UP

pp. 170~173 ● EXERCISE 1~3

▶ EXERCISE 1 | 구동사 복습하기

1   Keep up the good work!

2   Let's keep up this pace.

3   I can't keep up with you.

4   I will catch up soon.

5   I have a lot of work to catch up on.

6   Can I catch up with other people?

7   Something just came up.

8   Something has come up, so I can't make it today.

9   I've come up with a great idea.

10   I don't want to break up with you.

11   Why did you break up with him?

12   Break it up!

13   I made up with my girlfriend.

14   I made up the story.

15   I've made up my mind to start up my own business.

▶ EXERCISE 2 | 구동사로 대화하기

1   I can't keep up with you.

2   I have a lot of work to catch up on.

3   Something just came up.
4   I broke up with my boyfriend. / Why did you break up with him?
5   I made up the story.

▶ EXERCISE 3 | 표현 확장하기
1   I couldn't keep up with them.
2   Do you have a lot of work to catch up on?
3   Something has come up.
4   I don't want to break up with my boyfriend.
5   I want to make up with my girlfriend.
6   I've made up my mind to study English.
7   I can't come up with a great idea.
8   You can catch up with other people.

pp. 186~189 ● EXERCISE 1~3

▶ EXERCISE 1 | 구동사 복습하기
1   Go check up on your brother.
2   I'm here to check up on you.
3   Let me check up on that for you.
4   They'll show up late.
5   I waited for ages, but he didn't show up eventually.
6   Why didn't anybody show up?
7   Let's warm up our body.
8   He didn't warm up, so he got injured.
9   Your coworkers will warm up to you.
10 I ended up taking a taxi.
11 I met him, and we ended up making out.
12 You'll end up in hospital.
13 Can you look up the number?
14 I'll look up the word.
15 I look up to her.
16 Wrap up warm.
17 I think we can wrap up the meeting.
18 Wrap up the proposal as soon as possible.

▶ EXERCISE 2 | 구동사로 대화하기
1   Go check up on your brother.
2   Why didn't anybody show up?
3   He didn't warm up, so he got injured.
4   You'll end up in hospital if you don't get some rest.

5   Can you look up the number for the restaurant?

6   Wrap up the proposal as soon as possible.

▶ EXERCISE 3 | 표현 확장하기

1   I'm here to check up on my grandmother.

2   He will show up anyway.

3   We ended up taking a train.

4   Can you look up the word on the internet?

5   I think we can wrap up the class.

6   I look up to my parents.

7   They will warm up to you soon.

8   We ended up breaking up.

CHAPTER 6 | DOWN

pp. 206~209 ● EXERCISE 1~3

▶ EXERCISE 1 | 구동사 복습하기

1   Don't let me down.

2   I don't want to let down my parents.

3   I've let her down a lot.

4   My car broke down again.

5   It seems that it broke down.

6   I couldn't do it because my computer had broken down.

7   Turn down the television.

8   She turned me down.

9   I turned down the offer.

10 I want people to cut down fewer trees.

11 You need to cut down on spending.

12 I can't cut down on flour-based food.

13 It's time to take down the tent.

14 Take it down.

15 I'm going to take him down.

▶ EXERCISE 2 | 구동사로 대화하기

1   I don't want to let down my parents.

2   I couldn't do it because my computer had broken down.

3   Turn down the television.

4   But I can't cut down on flour-based food.

5   Take him down! / I'm going to take him down.

1   Did you let your parents down?
2   My cellphone broke down again.
3   I want to cut down on flour-based food.
4   Why did you turn down the job offer?
5   Now we're taking down the tent.
6   I'll never let you down.
7   Please turn down the music.
8   Take it down.

CHAPTER 7 | FOR/THROUGH/INTO/WITH/TO

pp. 230~233 ● EXERCISE 1~3

▶ **EXERCISE 1 | 구동사 복습하기**

1   What does DIN <u>stand for</u>?
2   This sign <u>stands for</u> "No Smoking".
3   I'm not going to <u>stand for</u> his rude attitude.
4   I couldn't <u>get through</u> to her.
5   You will <u>get through</u> it.
6   I'm going to <u>get through</u> with this work by 8 pm.
7   <u>I'm</u> not really <u>into</u> musicals.
8   My boyfriend <u>is</u> totally <u>into</u> playing games.
9   <u>Are</u> you <u>into</u> that girl?
10 I almost <u>ran into</u> a car.
11 You will <u>run into</u> many problems.
12 I didn't expect to <u>run into</u> you here.
13 I have something to <u>deal with</u>.
14 I'll <u>deal with</u> the customer.
15 How do you <u>deal with</u> stress?
16 You should <u>stick to</u> it.
17 I just <u>stuck to</u> my goal.
18 I found it hard to <u>stick to</u> a diet.

▶ **EXERCISE 2 | 구동사로 대화하기**

1   Can you stand for it? / No, I'm not going to stand for his rude attitude.
2   But you will get through it.
3   My boyfriend is totally into playing games.
4   I didn't expect to run into you here!
5   How do you deal with stress? / I deal with stress by sleeping.

6   I just stuck to my goal.

📺 **EXERCISE 3 | 표현 확장하기**
1   What does HBD stand for?
2   I couldn't get through to my younger brother.
3   I'm not into you.
4   I ran into a car this morning.
5   I dealt with the customer.
6   I'll stick to my goal.
7   I couldn't stand for his rude attitude.
8   When I was young, I ran into many problems.

CHAPTER 8 | OVER

pp. 248~251 ● EXERCISE 1~3

📺 **EXERCISE 1 | 구동사 복습하기**
1   Can I <u>come</u> <u>over</u> to your place?
2   Do you want to <u>come</u> <u>over</u>?
3   <u>Come</u> <u>over</u> here.
4   Thanks for <u>having</u> me <u>over</u>.
5   Mom, can I <u>have</u> my friends <u>over</u>?
6   I'll <u>have</u> you <u>over</u> for dinner soon.
7   <u>It's</u> <u>over</u>. I'm <u>over</u> you.
8   The party <u>is</u> <u>over</u>.
9   I'm <u>over</u> it now.
10 I <u>got</u> <u>over</u> my cold.
11 It's too hard to <u>get</u> <u>over</u> her.
12 You will <u>get</u> <u>over</u> it soon.

📺 **EXERCISE 2 | 구동사로 대화하기**
1   Can I come over to your place?
2   Mom, can I have my friends over?
3   It's over. I'm over you.
4   I really want to, but it's too hard to get over her.
5   You will get over it soon.

📺 **EXERCISE 3 | 표현 확장하기**
1   You can come over to my place.
2   I don't want to have my friends over.

3   I'm over him.

4   I got over my car sickness.

5   I will come over there.

6   I had him over.

7   Is it over?

8   Did you get over her?

pp. 260~263 ● **EXERCISE 1~3**

▶ **EXERCISE 1 | 구동사 복습하기**

1   Is it late to <u>start</u> <u>over</u>?

2   You can <u>start</u> <u>over</u>.

3   Can we <u>start</u> <u>over</u> again?

4   Hey, <u>look</u> <u>over</u> there!

5   We'd like to <u>look</u> <u>over</u> the menu first.

6   Can you <u>look</u> <u>over</u> my report?

7   Can you <u>go</u> <u>over</u> it for me?

8   We <u>went</u> <u>over</u> the plan, and it's a good one.

9   Don't <u>go</u> <u>over</u> there.

10 Let me <u>take</u> <u>over</u>.

11 Can you <u>take</u> <u>over</u> for me?

12 You will <u>take</u> <u>over</u> the position.

▶ **EXERCISE 2 | 구동사로 대화하기**

1   You can start over.

2   We'd like to look over the menu first.

3   Can you go over it for me?

4   Don't go over there.

5   Can you take over for me?

▶ **EXERCISE 3 | 표현 확장하기**

1   It's too late to start over.

2   I looked over your report last night.

3   Can you go over this plan?

4   Will you take over for me?

5   Look over here!

6   Why don't we go over this together?

7   I took over the project.

8   I don't think we can start over.